Servietten falten

Servietten falten

Über 50 klassische und originelle Ideen

Herausgegeben von Sylvia Winnewisser

Die Objekte stammen im Einzelnen von den folgenden Urheberinnen und Urhebern (Abbildungsnachweis in Klammern):
Horst Hanisch: Fotos: Seite 14 o., 14 u., 17, 21, 25, 27, 29, 31, 35, 37, 39, 43, 45, 47, 49, 51, 57, 59, 63, 65, 67, 69, 71, 73, 75, 77, 79, 81, 83, 87, 89, 93, 95, 97, 103, 105, 111, 113, 117, 119, 125, 127 (Angela Francisca Endress, Usingen/Eschbach), Seite 55 (Photo Illustrations Ltd.); Zeichnungen: Seite 16, 20, 24, 26, 28, 30, 34, 36, 38, 42, 44, 46, 48, 50, 54, 56, 58, 62, 64, 66, 68, 70, 72, 74, 76, 78, 80, 82, 86, 88, 92, 94, 96, 102, 104, 110, 112, 116, 118, 124, 126 (Katja Rosenberg u. Petra Schwarzmann, Wiesbaden)
Marianne Müller/Ota Mikolasek: Seite 10–13, 14 M., 18/19, 32/33, 60/61, 84/85, 108/109, 120/121 (Fotostudio Erbelding, Oberursel)
Hans Tapper: Seite 9 (M. Tessmann, Frankfurt a. M.), 106/107 (Studio Gerhard Burock, Wiesbaden-Naurod)
H. Tapper/M. Müller/O. Mikolasek: S. 22/23, 40/41, 98/99, 114/115 (Studio Gerhard Burock, Wiesbaden-Naurod), S. 100/101,122/123, 128 (Angela Francisca Endress, Usingen/Eschbach)

Der Text dieses Buches entspricht den Regeln der neuen deutschen Rechtschreibung.

Fotos und Zeichnungen: siehe Urhebernachweis oben
Herstellung: Harald Kraft
Redaktion, Layout und Satz: FROMM MediaDesign GmbH, Selters/Ts.
Reproduktion: Lithotronic, Frankfurt

1096101X817 2635 4453 6271

04 03 02 01

Inhalt

Kleine Geschichte der Serviette

So unterschiedlich wie die Ess-, Trink- und Tischkulturen in den verschiedenen Ländern ist weltweit auch die Verwendung von Servietten.

In Europa gibt es erst seit etwa 300 Jahren richtige Servietten aus Stoff. Davor, im Mittelalter, pflegte man zwar auch schon an schön gedeckten Tischen zu speisen, doch wurde hier das bis auf den Boden reichende Tischtuch gleichzeitig als Serviette und Kleiderschutz benutzt.
Im 18. Jahrhundert trennte man erstmals Tafel- und Mundtuch, und die Serviette diente vor allem als Dekorationsobjekt. Ebenfalls im 18. Jahrhundert, als die große Porzellanmanufaktur in Meißen gegründet wurde, begann die Zeit der festlich und üppig gedeckten Tische. Zusammen mit teurem, bemaltem Porzellan und edlem Silberbesteck bildete die Serviette die Zier der abendlichen Tafel. Und jeder, der etwas auf sich hielt, schmückte seinen Tisch aufwendig und stilvoll, zumeist so, dass alles in Farbe, Form und Muster zueinander passte. In dieser Zeit entstand die Sitte, Servietten zu verschiedenen kunstvollen Formen zu falten. Dann ging man dazu über, die Servietten noch zusätzlich zu verzieren. Adlige ließen ihr Wappen in Damastservietten weben, bürgerliche Hausfrauen versahen die Servietten mit den Initialen der Familie. Es waren meist sehr große Servietten, die eher der Dekoration dienten. Entsprechend wurden sie gehütet und gepflegt und mit der Erbschaft weitergegeben, sodass einige von Urgroßmutters Servietten auch heute noch in manchem Haushalt zu finden sind.
In der Nachkriegszeit hatte man verständlicherweise anderes im Sinn als Servietten zu formen, doch schon bald bekam das dekorative Stoffaccessoire auf dem Tisch wieder seinen verdienten Platz.
In den 70er-Jahren begann als Folge des erwachten Hygienebewusstseins der Menschen der Siegeszug der Papierserviette. Sie wurde nur flach auf den Teller gelegt, denn schon durch das Falten und Formen sah man die Sauberkeit der Serviette beeinträchtigt. Ungefähr zehn Jahre später setzte die Renaissance der Serviettenkunst ein, das einfache Mundtuch rückte wieder mehr und mehr als Dekorationsobjekt in den Vordergrund – die Kunst Servietten zu falten steht heute wieder hoch im Kurs.

Serviettenkunde

Zu einem festlich gedeckten Tisch gehören neben den vielen hübschen Accessoires wie Blumenarrangements, Kerzenleuchtern und Tischkarten auf jeden Fall auch kunstvoll gefaltete Servietten.

Die bei Tisch verwendeten Servietten stehen oder liegen sehr häufig auf einem Platzteller. Je nach Größe der Serviette kann sie auch in ein Glas gesteckt oder auf den Toastteller gelegt werden. Gerade bei einem Stehempfang oder Umtrunk wird man keine großen Servietten verwenden, sondern auf kleine Cocktailservietten zurückgreifen, die sich mühelos in Gläser stecken lassen, eventuell sogar auf Seidenpapierservietten. Andererseits gehören zu einem festlichen Ereignis unbedingt Stoffservietten, die heute in verschiedenen Ausführungen und Materialien angeboten werden.

Zum Serviettenfalten eignen sich jedoch nicht alle Materialien: Die besten Voraussetzungen bringen Stoffservietten mit, passend zur Tischdecke (und zum Geschirr), die meist aus Baumwolle, Halbleinen, Viskose oder anderen Kunstfasern bestehen. Sie sollten zum Falten gut gestärkt sein, aber nicht zu steif, sonst lassen sie sich nicht mehr gut bearbeiten. Stoffservietten gibt es in den Größen 40 x 40 cm bis 60 x 60 cm. Zweckmäßig sind solche in der Größe 50 x 50 cm.
Wichtig: Die Servietten müssen seitengleich, also genau quadratisch sein. Deshalb sollten Sie beim Bügeln darauf achten, dass die Servietten nicht verzogen werden. Das Falten gestärkter Servietten erfordert etwas mehr Kraft als das von Papierservietten. Die gefalteten Knicke sollten stets gut festgedrückt werden, damit die Form auch erhalten bleibt.
Neben Stoffservietten eignen sich Papier- oder Vliesservietten zum Falten. Hier gibt es verschiedene Größen (Durchschnittsmaß 33 x 33 cm) mit verschiedenen Farben und Mustern, für jeden Geschmack etwas. Da diese Servietten vom Hersteller quasi schon vorgefaltet sind und diese Knicke nicht mehr entfernt werden können, eignen sich die Papier- bzw. Vliesservietten nur für bestimmte Faltungen. Dagegen sind sie sehr praktisch für Formen, bei denen die vorgefertigten Knicke benutzt werden können.

Und nun viel Spaß beim Falten und Knicken der vielen klassischen, extravaganten und festlichen Serviettenformen.

Die Grundformen

Die Mehrzahl der in diesem Buch vorgestellten Faltformen ist auf lediglich drei verschiedene Grundformen zurück zu führen.

TIPP

Achten Sie beim Falten genau darauf, wo die offene Seite liegt. Diese ist für weitere Faltungen bedeutsam.

Grundform A

1. Legen Sie eine quadratische Serviette ausgebreitet auf den Tisch, mit der linken Seite nach oben.

2. Falten Sie die untere Kante auf die obere, sodass eine nach oben offene Tasche entsteht.

3. Klappen Sie die linke Kante auf die rechte (oder umgekehrt), sodass sich ein Quadrat ergibt.

4. Die zweite Möglichkeit: Sie klappen nach Schritt 1 die Serviette von oben nach unten, sodass eine nach unten offene Tasche entsteht.

5. Die dritte Möglichkeit: Sie klappen die Serviette nach Schritt 1 in der senkrechten Mitte zusammen. Die offene Seite befindet sich dann rechts (wie hier abgebildet) oder links.

Grundform B

1. Legen Sie eine Serviette mit der linken Seite nach oben auf den Tisch, wobei eine Ecke nach unten zeigen sollte.

2. Legen Sie die untere Ecke auf die obere, sodass ein Dreieck entsteht.

3. Nun falten Sie die rechte und linke Ecke auf die obere. Dabei halten Sie genau die Mitte der Faltkante mit dem Daumennagel fest und legen die Ecken nacheinander nach oben.

Grundform C

Tipp

Wichtig ist auch hier, genau darauf zu achten, wann die Serviette beim Falten herumgedreht werden muss. Hiervon hängt die Form entscheidend ab.

1. Die Serviette mit der linken Seite nach oben auf den Tisch legen.

2. Halten Sie die obere Kantenmitte mit dem Daumennagel fest und klappen die beiden oberen Ecken nacheinander zur Mitte.

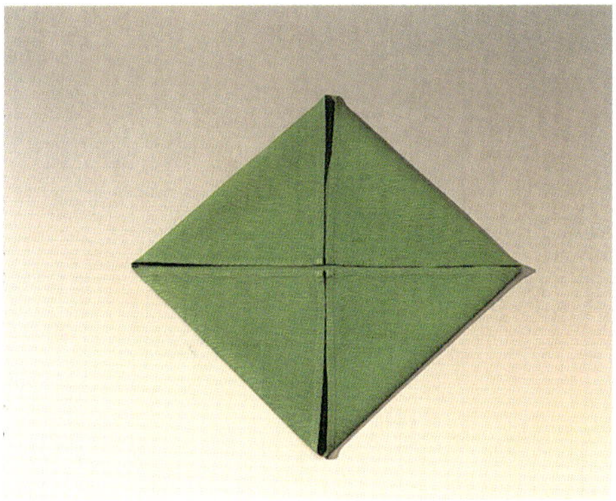

3. Verfahren Sie mit den beiden unteren Ecken ebenso. Jetzt haben Sie wieder ein Quadrat.
Damit die vier Ecken sich genau in der Mitte treffen und die Kanten aufeinander stoßen, muss die Serviette absolut quadratisch sein, eine Stoffserviette darf nicht durch das Bügeln verzogen sein.

Der klassische Tisch

Ein hübsch gedeckter Tisch ist immer wieder ein schöner Anblick. Denn – wie die Volksweisheit sagt – das Auge isst mit. Für einen klassisch gedeckten Tisch empfehlen sich Serviettenformen, die sich durch die Servietten-Faltgeschichte hindurch bewährt haben und heute als klassische Formen gelten.

Das Brotkörbchen

1. Legen Sie zwei Servietten übereinander, zum Beispiel eine weiße auf eine goldfarbene Serviette, und falten Sie diese entsprechend der Grundform C. Wenden Sie die Figur.

2. Brechen Sie die Ecken nochmals zur Mitte.

3. Wenden Sie die Figur erneut.

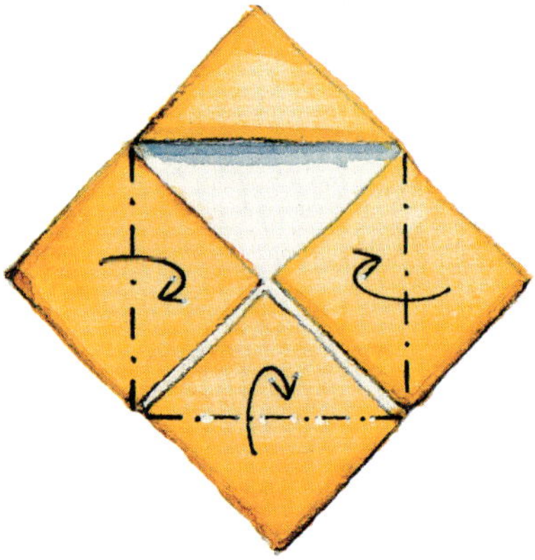

4. Nun alle Ecken nach innen klappen. Die vier Ecken leicht ausweiten.

In diesem Brotkörbchen findet man jeden Morgen sicher ein frisches Brötchen auf dem Teller.
So kann der Tag beginnen!

Der Pfeiler

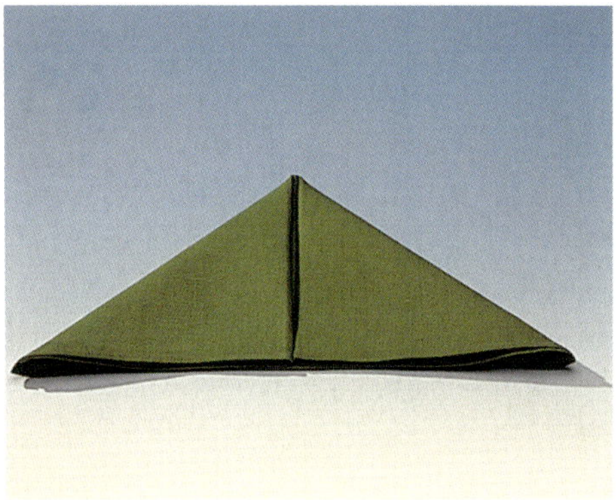

1. Nehmen Sie eine Stoffserviette und falten Sie sie nach den Schritten 1 und 4 der Grundform A, die Öffnung sollte nach unten zeigen.
Falten Sie die oberen Ecken diagonal zur Mitte.

3. Nun falten Sie auch die Seiten zur Mitte, sodass die Ecken die untere Spitze bilden und wenden Sie die Figur anschließend.

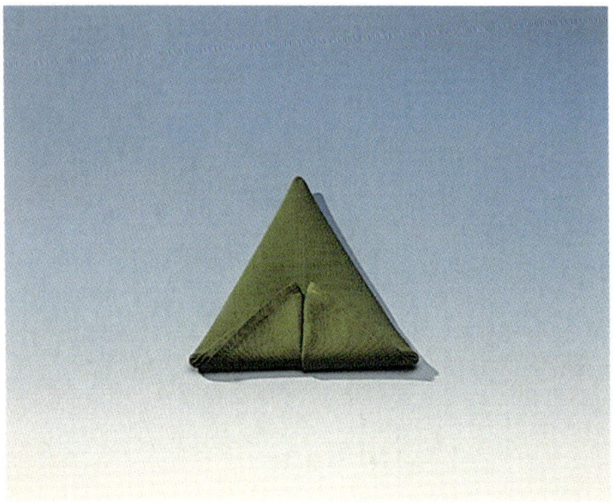

4. Klappen Sie die „Füße“ des umgedrehten Pfeilers hoch und stellen ihn leicht geknickt auf.
Die beiden Seiten des aufgestellten Pfeilers bilden ein Dreieck, die „Füße“ zeigen nach hinten.

Auf diesen Grundpfeilern kann man jedes Essen aufbauen. Legen Sie noch ein kleines Accessoire dazu, das macht die Sache dekorativer

Die Schleppe

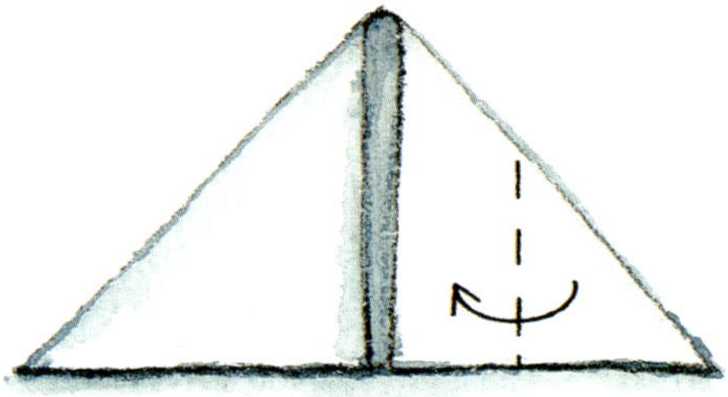

1. Die Serviette in die Grundform B bringen. Dann den unteren Teil der Serviette diagonal nach hinten umklappen, die Figur wenden und die rechte Ecke zur Mitte falten.

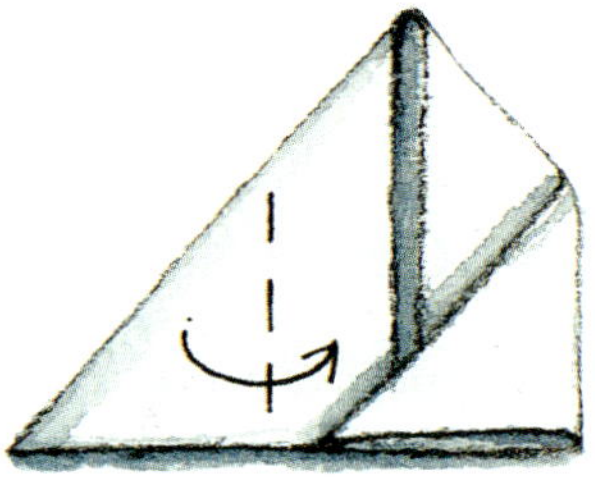

2. Die linke Ecke zur Mitte falten und in die Spitze der rechten Serviettenecke stecken.

3. Die Figur wenden.

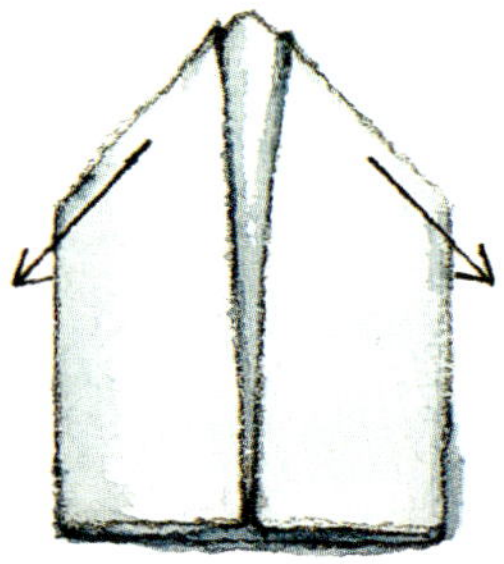

4. Die nach oben zeigenden Spitzen nach rechts und links außen ziehen. Die Figur aufstellen.

Diese klassische Form der Schleppe kann auch sehr gut für einen festlichen Tisch verwendet werden. Was würde besser passen als ein Hochzeitstisch?

Der Spitzhut

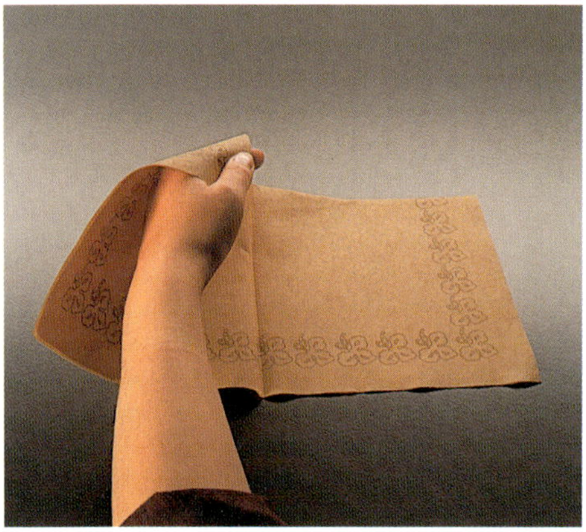

1. Verfahren Sie nach Schritt 1 und 4 der Grundform A. Nehmen Sie die linke obere Ecke zwischen linken Daumen und Zeigefinger und lassen die Serviette über den Handrücken laufen.

2. Nun drehen Sie die Hand bis zur Mitte der Serviette. Es entsteht eine Tüte.

3. Legen Sie das andere Ende der Serviette über die Tüte (dabei sollen die beiden unteren Ecken übereinander liegen).

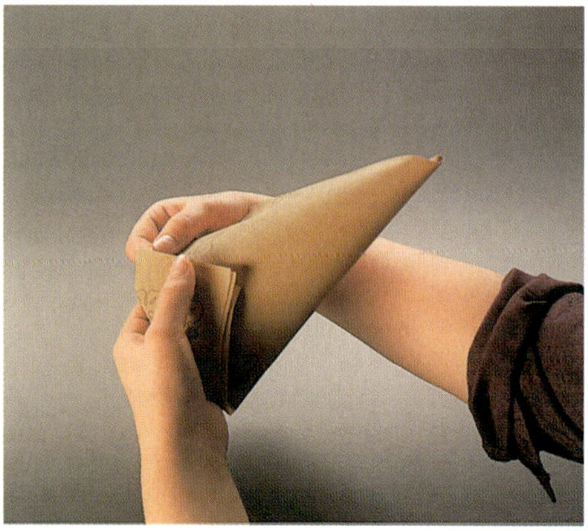

4. Nun knicken Sie die übereinander liegenden Ecken nach oben und schlagen sie um.

Der Spitzhut passt gut zu einer rustikalen Tischdekoration bei einem einfachen Abendessen. Er lässt sich problemlos mit einer Zellstoffserviette falten

Pro & Kontra

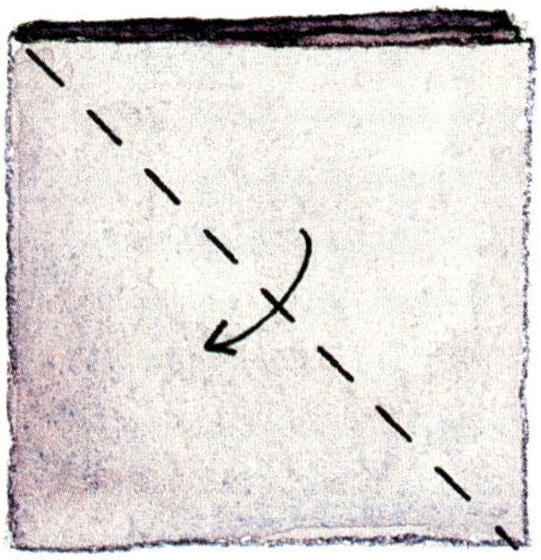

1. Bereiten Sie eine Serviette nach den Schritten 1 und 5 von Grundform A vor. Falten Sie die untere Hälfte nach oben. Brechen Sie die obere Lage der rechten Ecke diagonal nach unten.

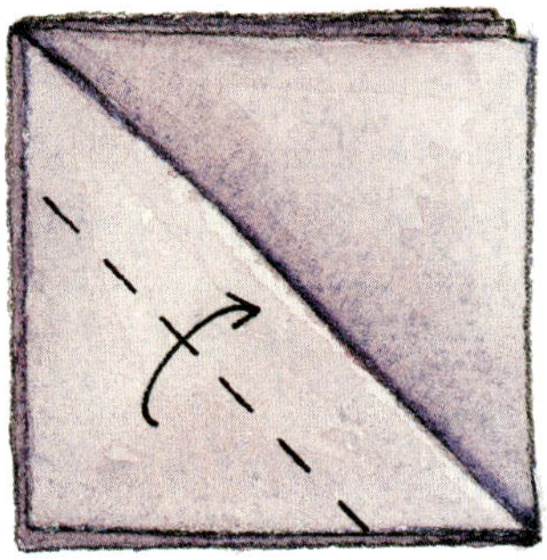

2. Nun die obere Lage der linken unteren Ecke nach oben brechen.

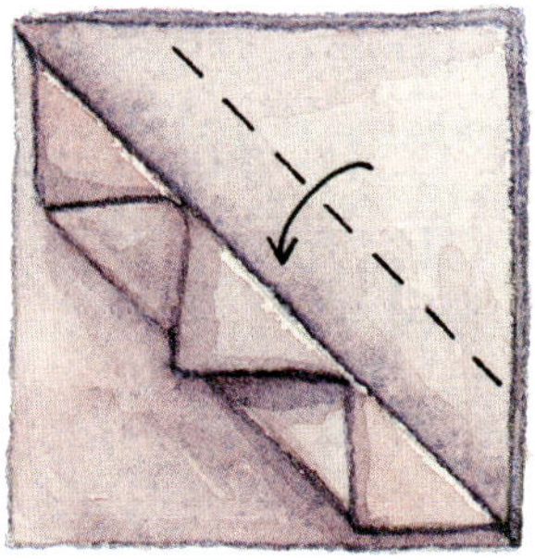

3. Die Spitze der nach oben zeigenden Lage nach unten links, die obere Lage der Ecke oben rechts nach unten falten.

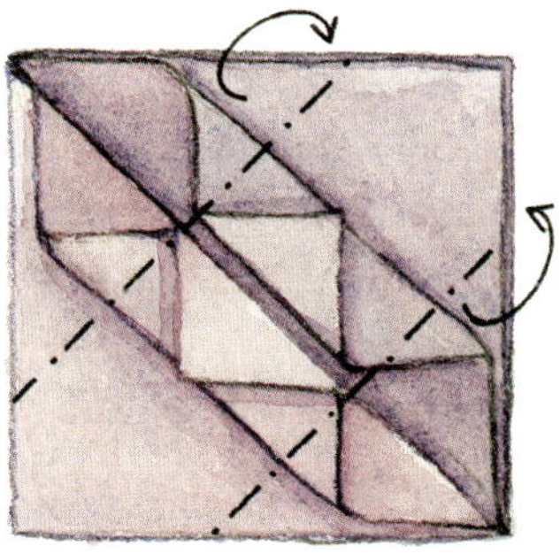

4. Zuletzt die Ecke nach rechts oben falten und die Ecken rechts unten und links oben jeweils nach hinten klappen.

Wenn Sie beim Essen ein Streitgespräch erwarten, ist dies die geeignete Serviettendekoration dazu

Die Dschunke

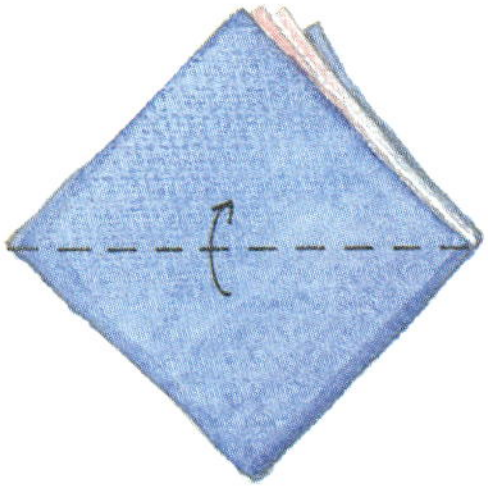

1. Legen Sie zwei verschiedenfarbige Servietten aufeinander. Falten Sie sie nach den Schritten 1 bis 3 der Grundform A, Öffnung nach links. Die untere Serviettenhälfte diagonal nach oben falten und die Form wenden.

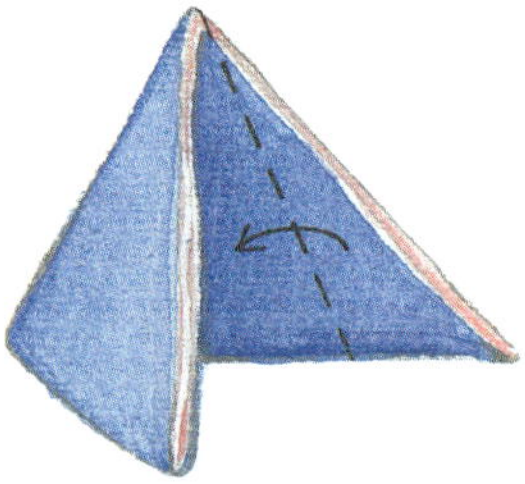

2. Nun die linke und rechte Ecke nach vorn brechen.

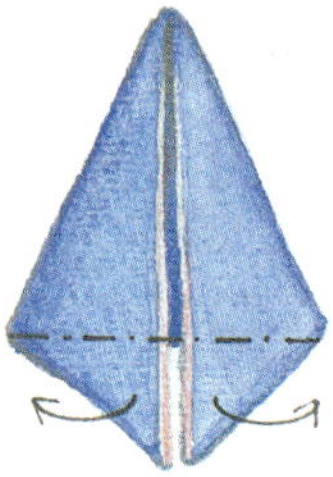

3. Die „Füße“ nach hinten wegklappen.

4. Die ganze Serviette senkrecht in der Mitte nach hinten klappen.

5. Die entstandene Figur aufstellen.

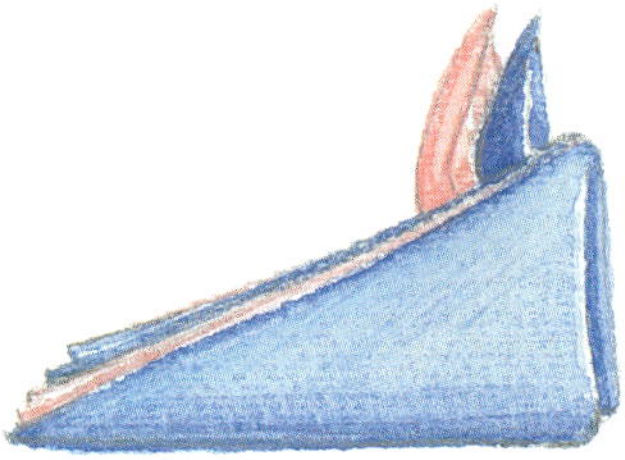

6. Die zuoberst liegende Spitze und alle weiteren als Segel nach oben ziehen.

Zu einem echten asiatischen Essen soll es auch nicht an der passenden Tischdekoration fehlen. Zweifarbige Dschunken schmücken die Teller

Das Hörnchen

1. Zwei verschiedenfarbige Servietten aufeinander legen und nach Schritt 1 und 5 von Grundform A falten. Das Quadrat mit der offenen Ecke nach links unten drehen und die Ecke der einen Serviette an der Diagonalen nach oben falten.

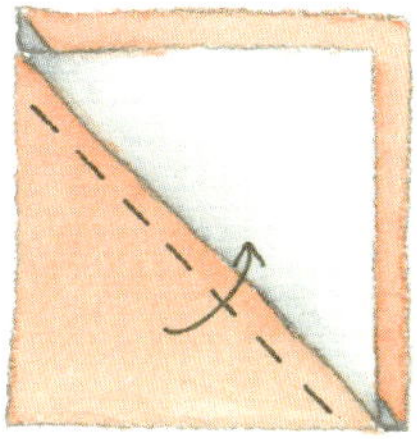

2. Die Ecken der beiden weißen Lagen so nach oben falten, dass ein apricotfarbener Rand sichtbar bleibt. Beide apricotfarbenen Lagen nach oben klappen und einen weißen Rand stehen lassen.

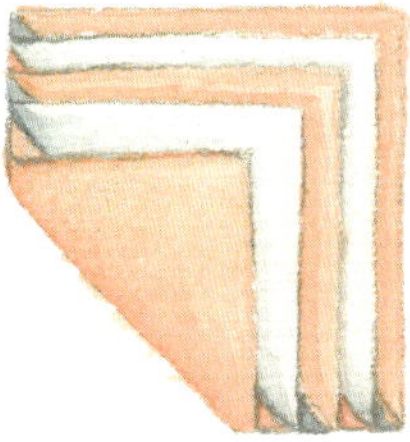

3. Die beiden weißen Lagen ebenso nach oben klappen. Die letzte apricotfarbene Lage nach oben klappen.

4. Die Figur um 45 Grad gegen den Uhrzeigersinn drehen und wenden.

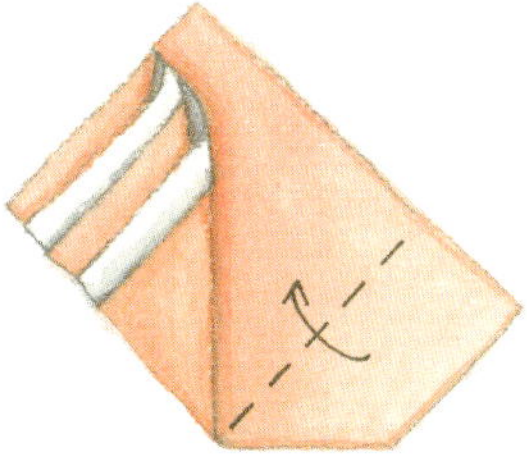

5. Die linke und rechte Ecke nach oben brechen.

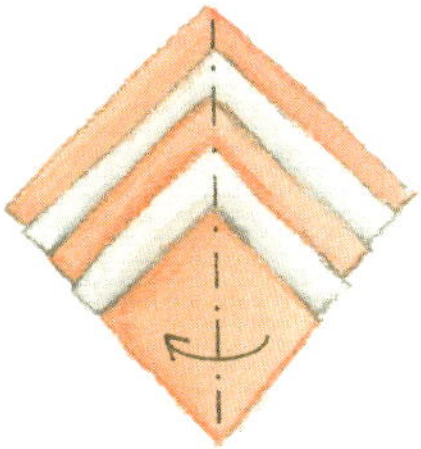

6. Die Figur wieder wenden und in der senkrechten Achse nach oben wölben.

Beim Kaffeekränzchen gibt es selbst gebackenen Kuchen, Kaffee, Likör und selbst gefaltete Servietten-Hörnchen als besondere Attraktion

Das Besteckkuvert

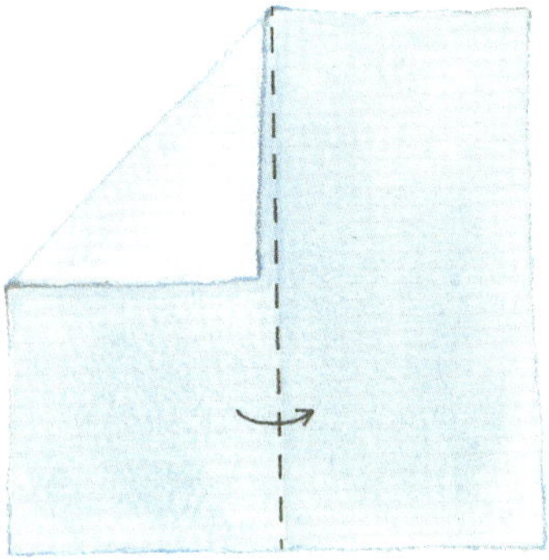

1. Die Serviette mit der linken Seite nach oben hinlegen. Die linke obere Ecke zur Mitte falten. Die Serviette über die Mittelachse nach rechts klappen.

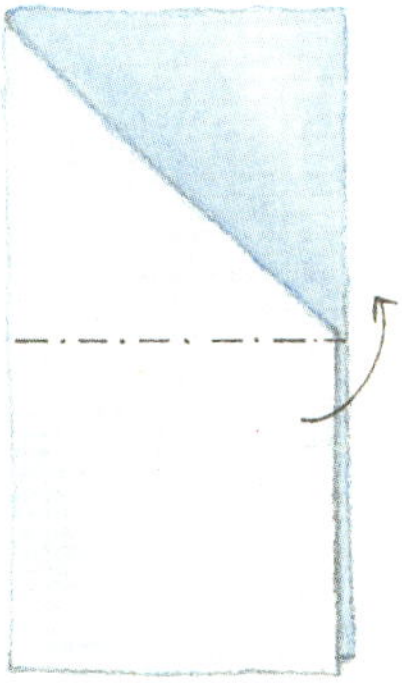

2. Die untere Serviettenhälfte nach hinten klappen.

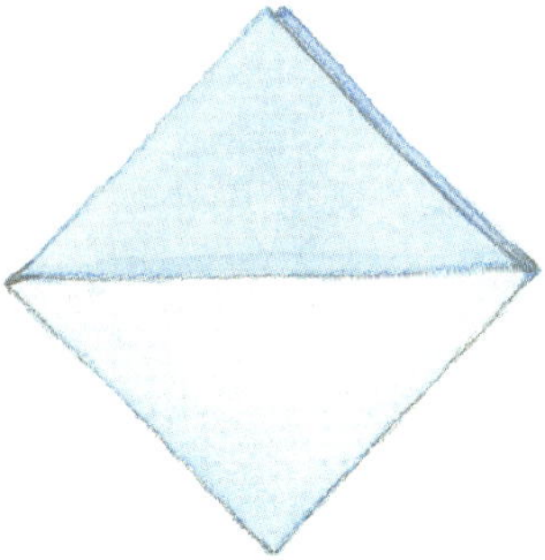

3. Die Serviette um 45 Grad gegen den Uhrzeigersinn drehen, sodass die offene Seite, die Tasche, nach oben zeigt.

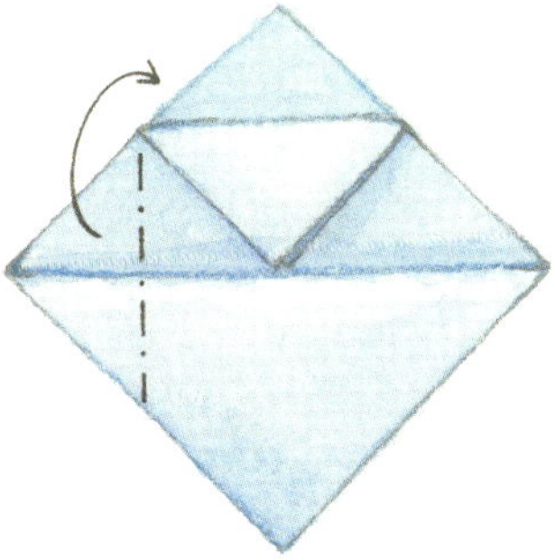

4. Nun die Ecken der beiden oberen Lagen zur Mitte falten. Die linke Ecke nach hinten umklappen.

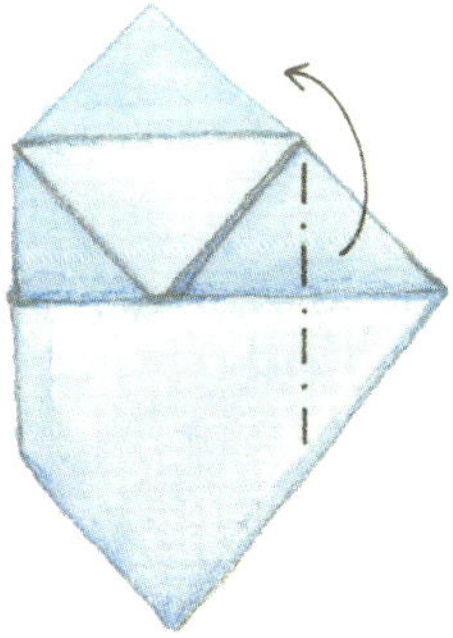

5. Zuletzt die rechte Ecke nach hinten umklappen.

*Dieses Kuvert aus einer Serviette enthält das Besteck.
Die Form ist sehr geeignet für Mahlzeiten im Freien – das Besteck bleibt sauber
und die Serviette fliegt nicht weg*

Das Kuvert

1. Verfahren Sie nach Schritt 1 und 2 der Grundform B. Dann klappen Sie die seitlichen Ecken zur unteren Mitte.

2. Nun die linke und rechte Seite noch einmal zur Mitte falten. Es ergibt sich diese Form.

3. Die Serviette mit der Spitze nach links unten drehen und das untere Ende bis zur Grundseite des Dreiecks falten.

4. Zuletzt das Dreieck umschlagen – fertig ist das Kuvert.

Für diese Form sollten die Servietten mindestens 40 x 40 cm groß sein, eine Stoffserviette besser sogar 50 x 50 cm. Und was ist in dem Kuvert?

Die Serviettentasche

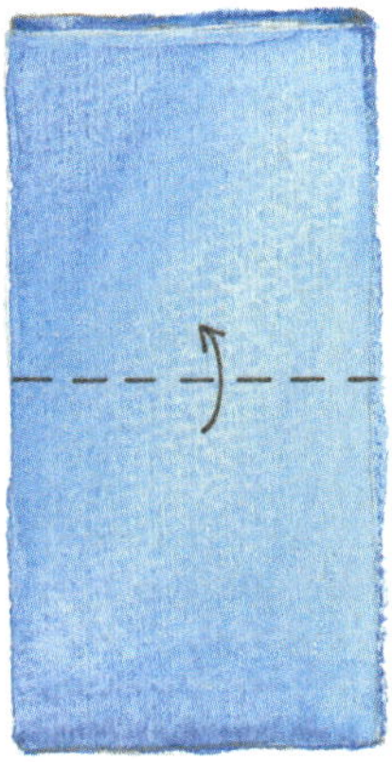

1. Die Serviette nach Schritt 1 und 5 der Grundform A so falten, dass die Öffnung nach links zeigt. Dann die untere Hälfte nach oben falten.

2. Zwei Lagen der linken oberen Ecke zur Mitte falten. Die rechte obere Ecke ebenfalls zur Mitte falten.

3. Das entstandene Dreieck etwas unterhalb der Mitte nach unten falten.

4. Nun beide Ecken der unteren Lage oben zur Mitte falten.

5. Das entstandene Dreieck über das erste nach unten falten.

Eine einfache und dennoch sehr originelle Form ist diese kleine Tasche, die gleichzeitig die Serviette ist

Der Tafelspitz

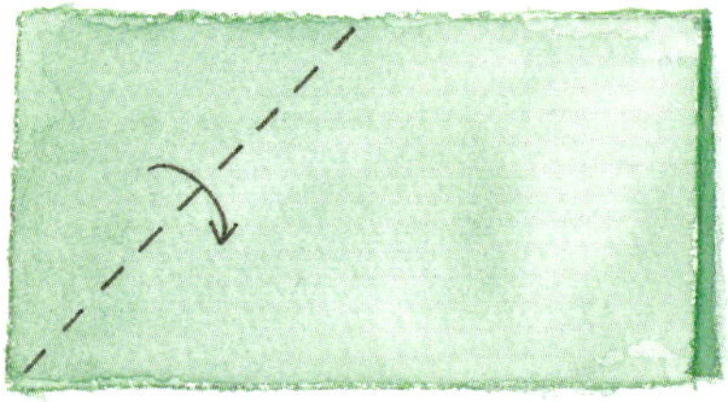

1. Schritt 1 und 4 der Grundform A vornehmen, die Öffnung zeigt nach unten. Dann die linke obere Ecke der Serviette zur Mitte falten.

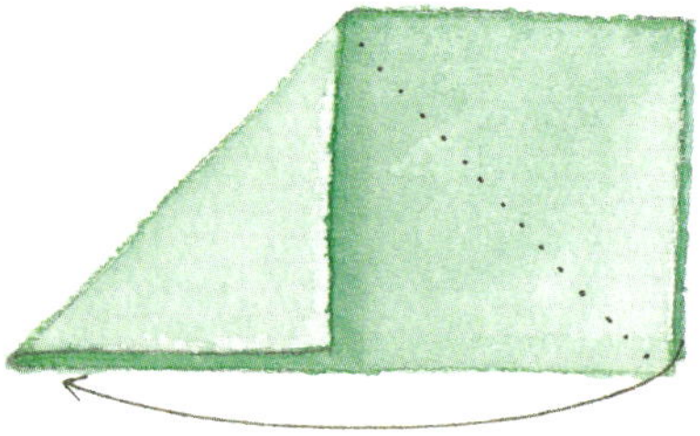

2. Die rechte vordere Ecke auf die Ecke unten links legen.

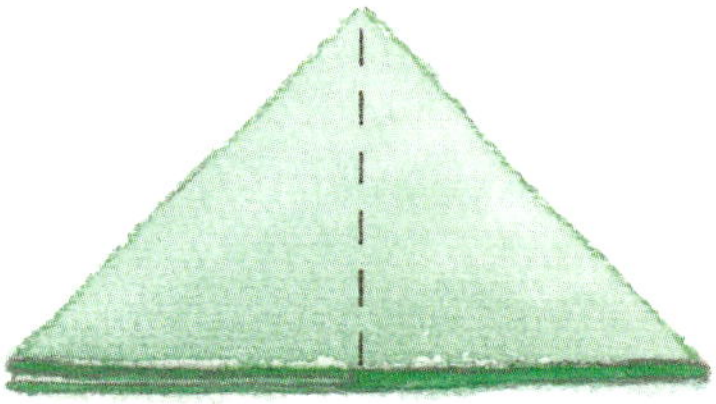

3. Nun die rechte Ecke auf die linke klappen.

4. Die Figur aufstellen, dabei die Ecken für mehr Standfestigkeit leicht nach vorne ziehen.

Der Tafelspitz ist vielleicht die klassischste Form der Servietten-Faltkunst. Obwohl eine recht einfache Form, passt sie auch gut zu einer festlichen Tafel – und auch nicht nur zum gleichnamigen Gericht

Der zweifarbige Tafelspitz

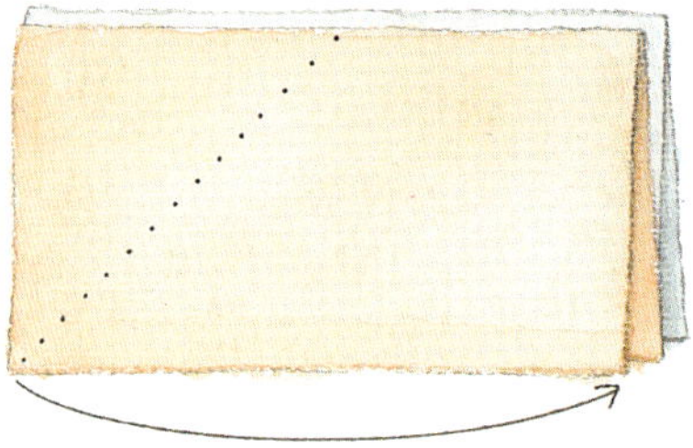

1. Falten Sie je eine Serviette (hier weiß und apricotfarben) nach Schritt 1 und 5 der Grundform A und legen Sie sie aufeinander. Dann schlagen Sie die linke obere apricotfarbene Ecke nach innen zur rechten Ecke ein.

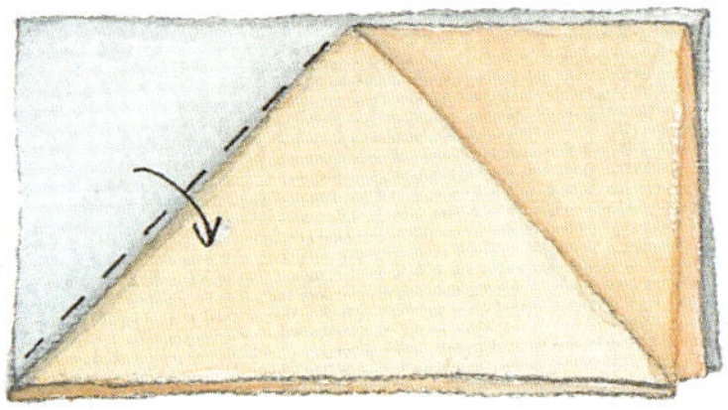

2. Nun falten Sie die obere apricotfarbene Lage an der Mittelkante von links nach rechts. Die linke obere weiße Ecke wird zur Mitte gefaltet.

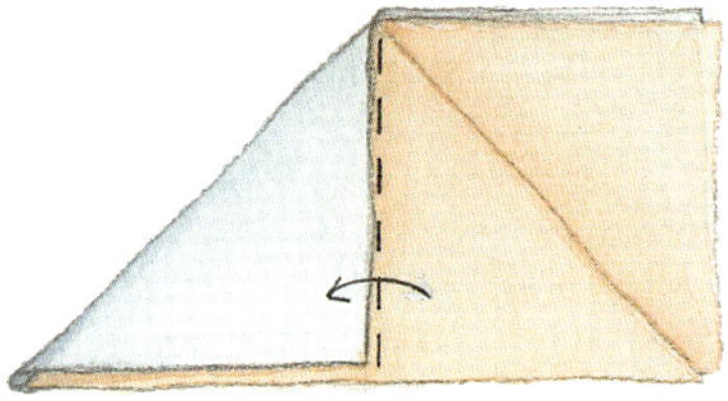

3. Nun die rechte obere apricotfarbene Ecke von rechts nach links falten.

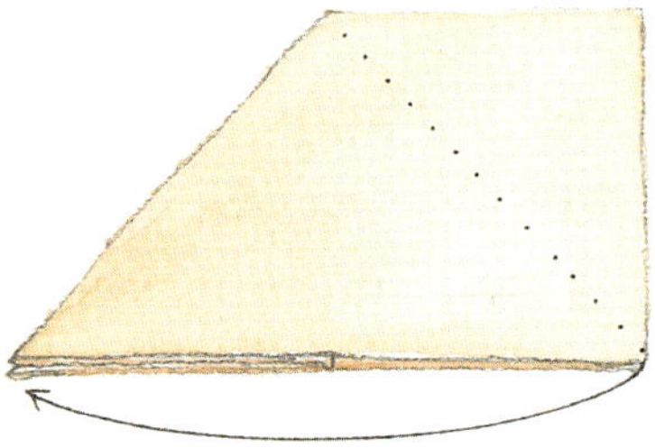

4. Die rechte untere Ecke auf die untere linke Ecke ziehen.

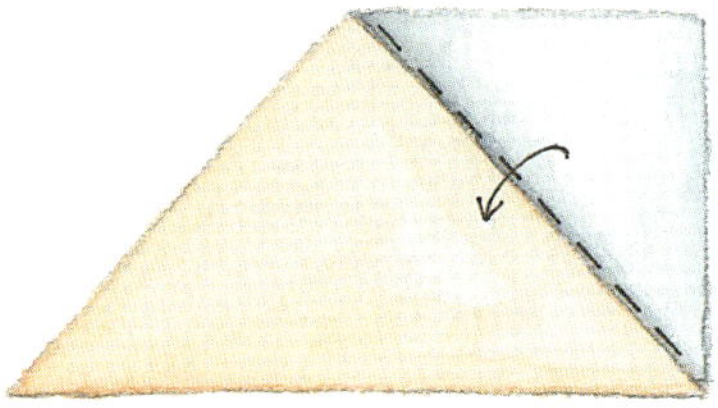

5. Die rechte obere weiße Ecke zur Mitte falten.

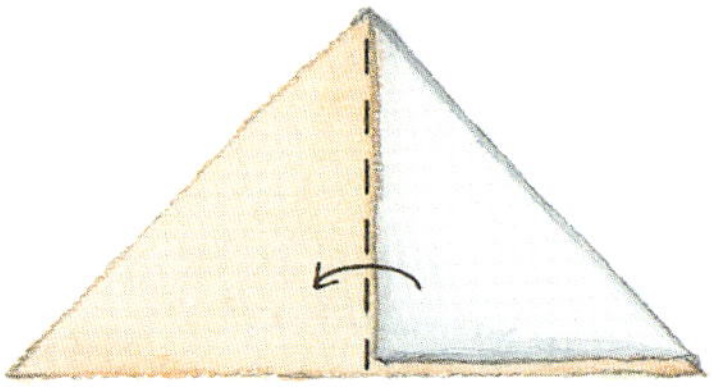

6. Nun klappen Sie das rechte Dreieck nach links und stellen die Figur auf.

Wollen Sie den Tafelspitz von Seite 36 noch etwas kunstvoller gestalten, probieren Sie die doppelte Form. Hier wird sie aus zwei verschiedenfarbigen Stoffservietten gefaltet. Die Farben können Sie auf die Farbe des Geschirrs abstimmen

Die dreifache Welle

1. Falten Sie die Serviette nach Schritt 1 und 2 der Grundform A.

2. Nun die rechte Seite nach unten einschlagen.

3. Die Serviette in der Mitte etwas anheben, nach rechts zu einer Welle legen.

4. Zum Schluss die linke Seite nach oben einrollen.

Hier handelt es sich um eine einfach zu faltende Form, die aber dennoch auf dem Teller eine gute Figur macht. Stimmen Sie die Farbe der Serviette auf das Geschirr ab

Eine bunte Eistüte

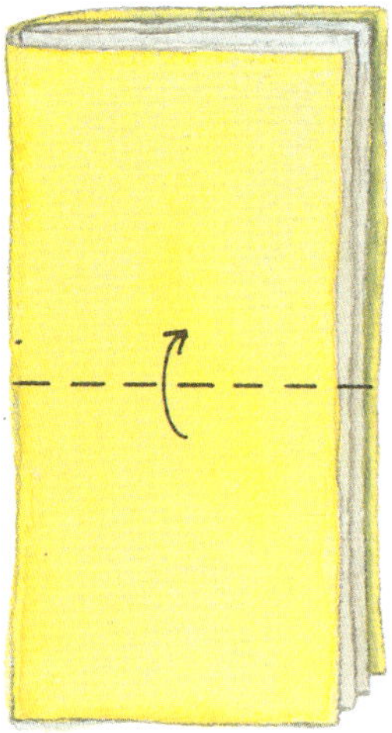

1. Eine beigefarbene Serviette auf eine gelbe legen und Schritt 1 und 5 der Grundform A falten. Die untere Serviettenhälfte nach oben falten.

2. Nun die obere rechte Ecke der gelben Serviette zur Mitte falten. Beide Lagen der beigefarbenen Serviette ebenfalls zur Mitte falten.

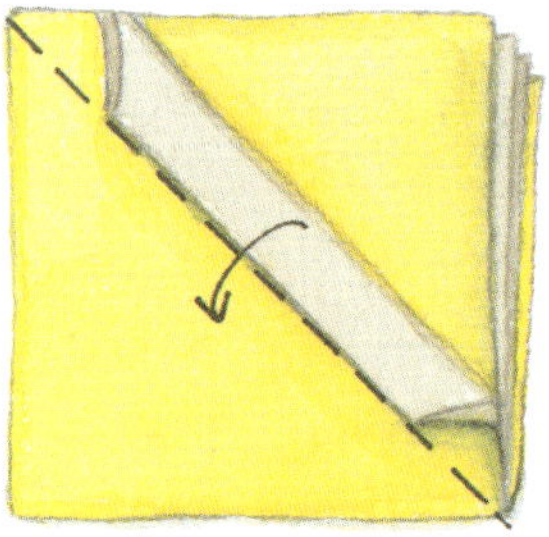

3. Die drei gefalteten Ecken nochmals zur Mitte falten, das entstandene beigefarbene Band über die Mittellinie falten.

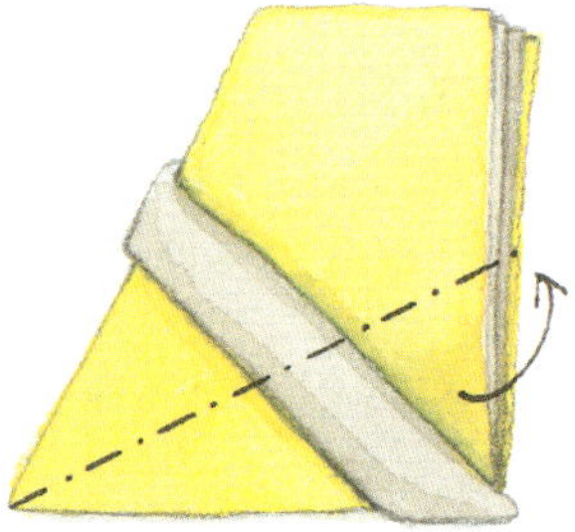

4. Die linke obere Ecke nach hinten wegklappen. Mit der rechten unteren Ecke ebenso verfahren.

Diese Serviette in Eistütenform eignet sich besonders gut für eine Sommertafel, bei der kühle Getränke und vielleicht Eis gereicht werden. Gefaltet wird mit zwei verschiedenfarbigen Stoffservietten

Eine bunte Wundertüte

1. Legen Sie eine gelbe und eine lilafarbene Serviette aufeinander und falten Sie Schritt 1 und 5 der Grundform A. Danach die Serviette in der Mitte nach oben brechen.

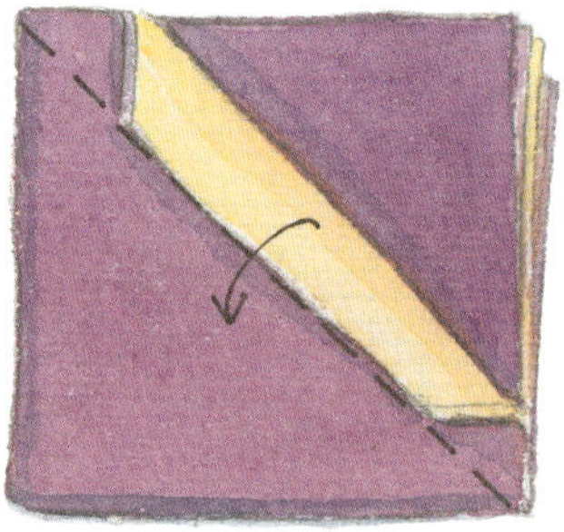

2. Nun die obere rechte Ecke der lilafarbenen Serviette zur Mitte falten. Beide Lagen der gelben Serviette über die lilafarbene zur Mitte falten.

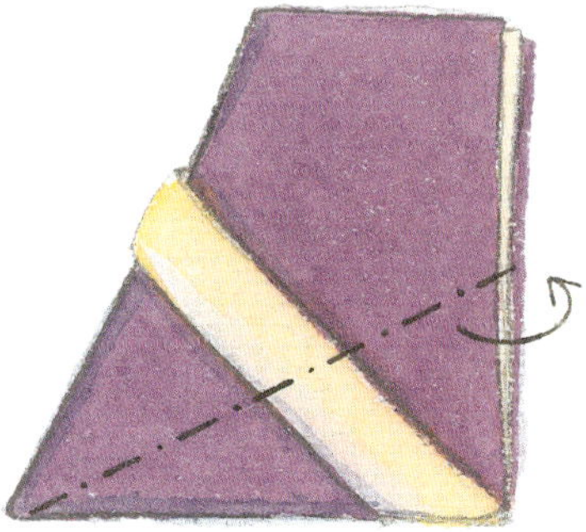

3. Die drei gefalteten Ecken nochmals zur Mitte falten. Das gelbe Band über die Mittellinie falten.

4. Die linke obere Ecke nach hinten wegklappen. Mit der rechten unteren Ecke ebenso verfahren. Dann die Spitze nach innen falten.

Die Wundertüte besteht aus zwei verschiedenfarbigen Servietten und enthält zur Überraschung der Gäste eine Kleinigkeit zum Naschen

Die Menütasche

1. Legen Sie die blaue auf die beigefarbene Serviette und falten Sie die Grundform C. Die Figur wenden und rechte, linke und untere Ecke jeweils zur Mitte falten.

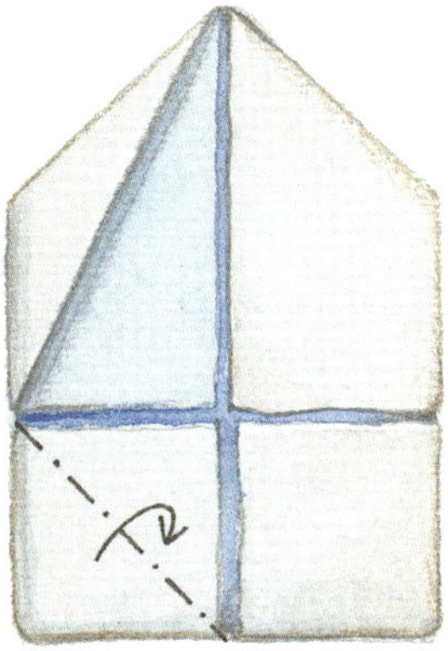

2. Die Figur erneut wenden. Die obere linke beigefarbene Ecke hinter die Figur klappen. Die untere linke Ecke nach innen klappen.

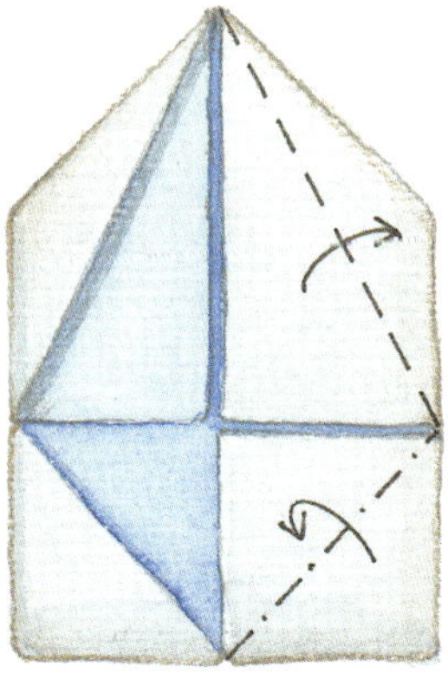

3. Die untere rechte beigefarbene Ecke nach innen klappen und die obere rechte Ecke nach hinten klappen.

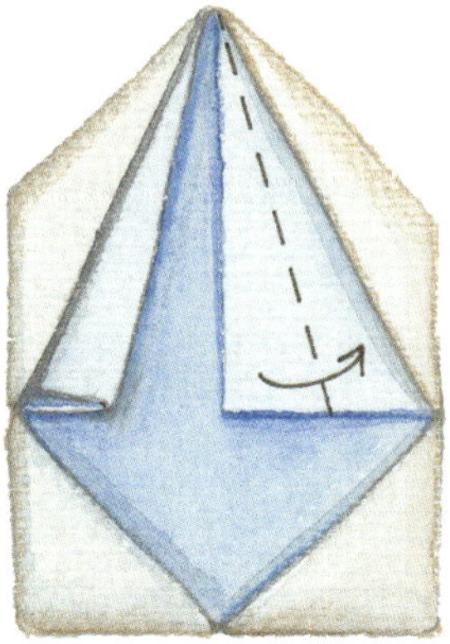

4. Nun die linke und rechte hellblaue Ecke, die in der Mitte liegen, nach links bzw. rechts falten.

Diese Tasche ist äußerst praktisch.
Man kann in ihr die Menükarte, die Tischkarte
oder eine Überraschung für die Gäste verstauen.
Gebraucht werden zwei verschiedenfarbige
Stoffservietten: hier blau und beigefarben

Die ägyptische Feluke

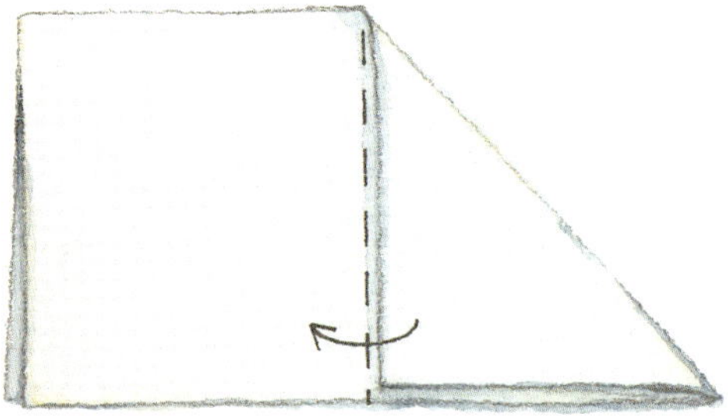

1. Schritt 1 und 2 der Grundform A so falten, dass eine nach unten offene Tasche entsteht. Dann die rechte obere Ecke zur Mitte falten.

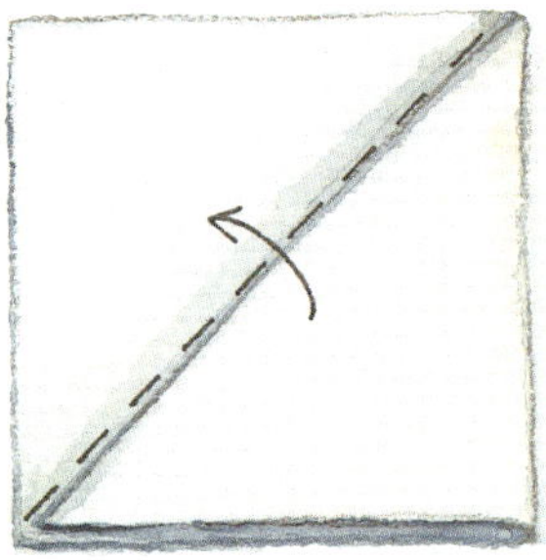

2. Die rechte Ecke nun über die Mitte nach links legen und die rechte untere Ecke diagonal nach links oben falten.

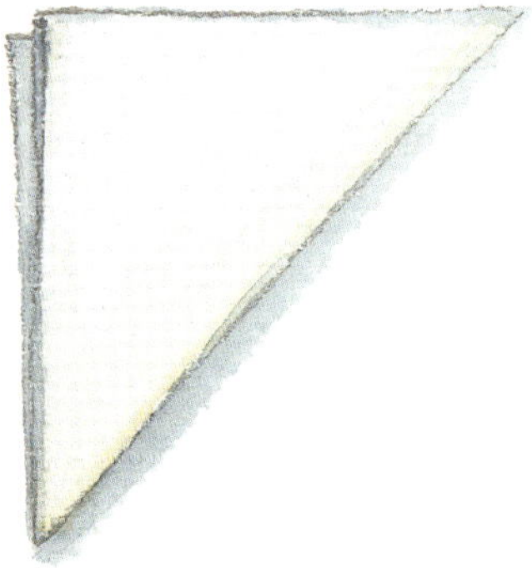

3. Die Figur um 90 Grad gegen den Uhrzeigersinn drehen.

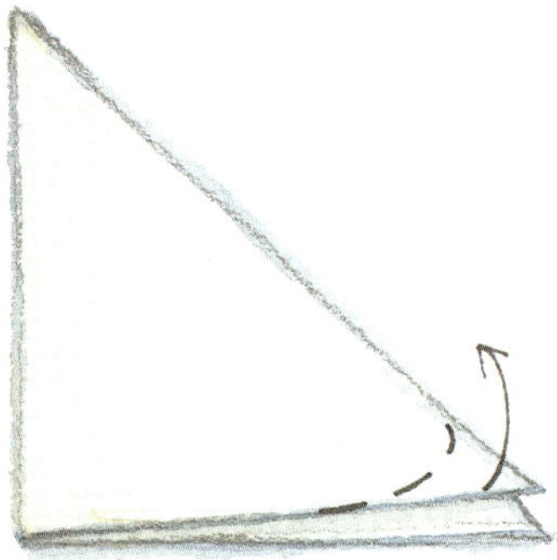

4. Die vier Lagen in der rechten unteren Ecke einzeln nach oben klappen. Figur leicht ausweiten.

Ob Sie zu dieser klassischen Feluken-Form orientalische oder deutsche Speisen reichen, bleibt Ihnen überlassen. Die Serviettenform lässt beides zu

Ein Gruß aus Sydney

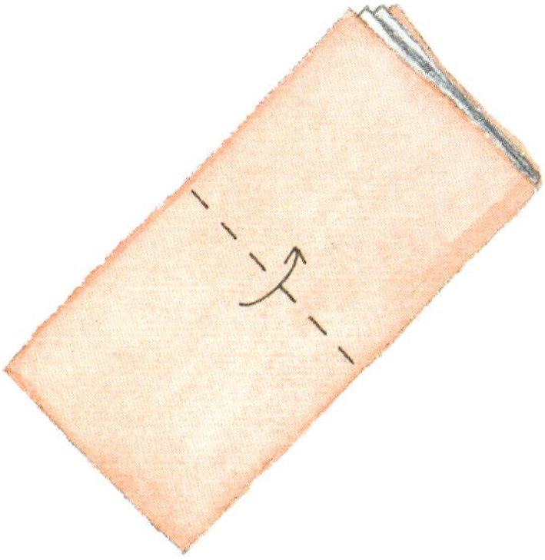

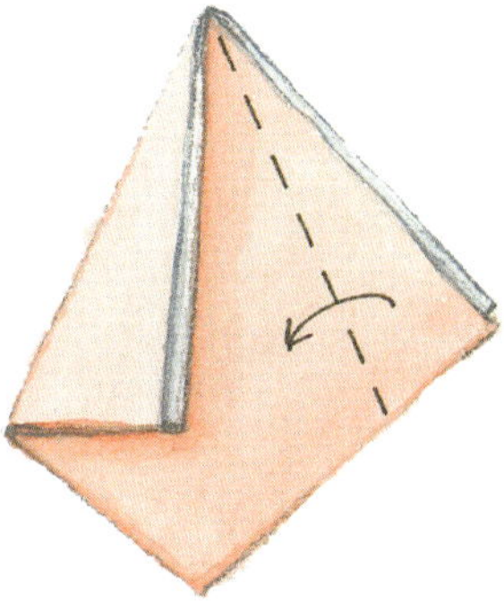

1. Zwei verschiedenfarbige Servietten aufeinander legen und nach Schritt 1 und 5 der Grundform A falten, die Öffnung zeigt nach links. Das Rechteck in der Mitte nach oben falten und die offene Ecke nach oben drehen.

2. Die linke und rechte Ecke nach vorn falten. Dann die Figur wenden.

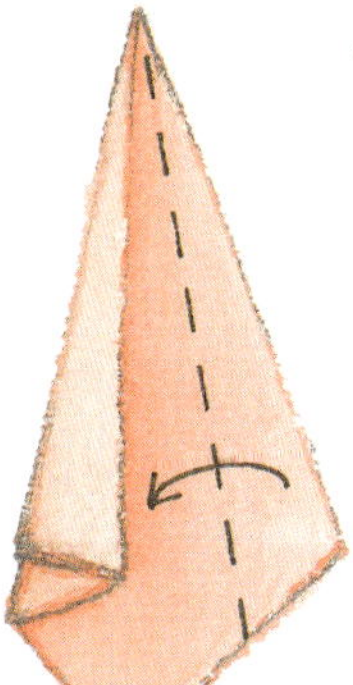

3. Schritt 2 wiederholen.

4. Die Ecke unter der linken und rechten Kante herausziehen und die Servietten nochmals wenden.

5. Die obere Lage der Servietten an der Spitze nach oben ziehen. Mit der zweiten, dritten und vierten Lage ebenso verfahren.

Kennen Sie die Oper im australischen Sydney? Ihr ist diese Form nachempfunden. So wird auch das Essen zum Kunstgenuss. Zwei verschiedenfarbige Servietten bilden den Grundstock

Der extravagante Tisch

Wenn Ihnen das Falten von Servietten Spaß macht, können Sie mit etwas Übung auch bald schwierigere Formen legen. Auf einem ausgefallen gedeckten und dekorierten Tisch sind die nachfolgenden Formen sicherlich die Hauptattraktion.

Der Dominofächer

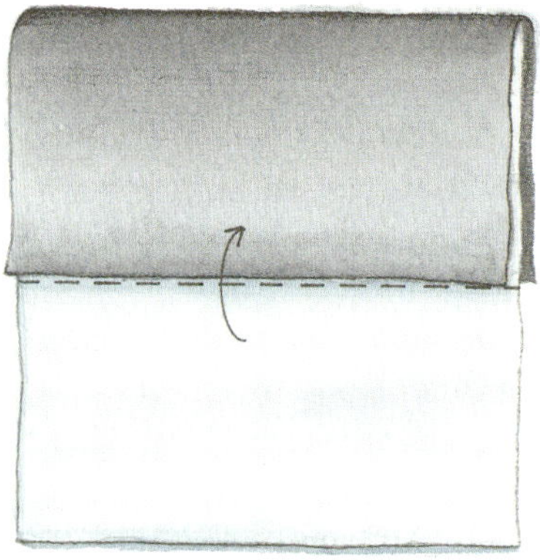

1. Die dunkle Serviette in der Mitte falten (Grundform A, Schritt 1 und 4). Die weiße Serviette in die dunkle hineinschieben und nach oben falten.

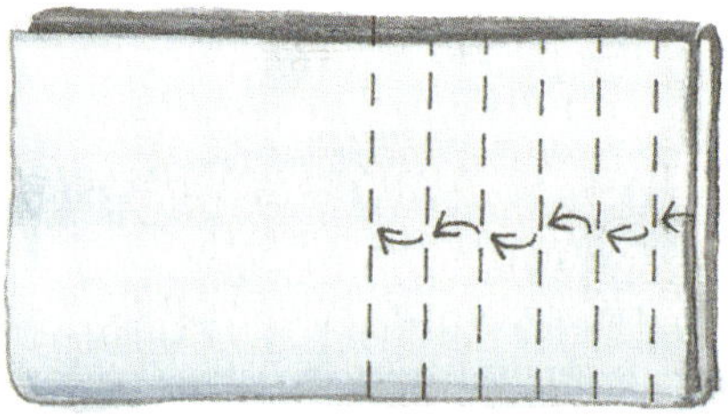

2. Die Servietten von rechts nach links bis zur Mitte in Form einer Ziehharmonika falten.

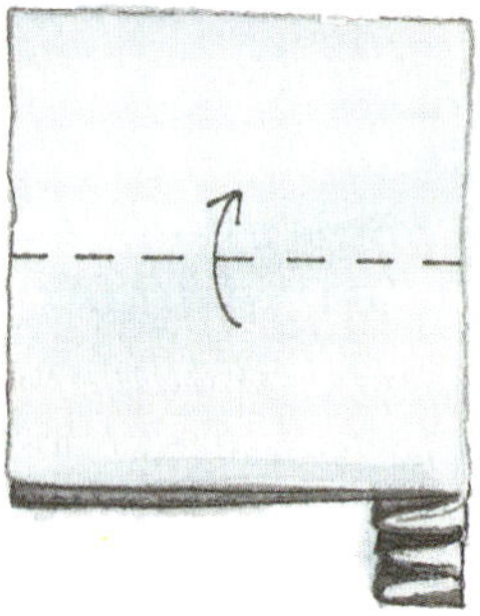

3. Die entstandene Figur in der Mitte nach oben falten.

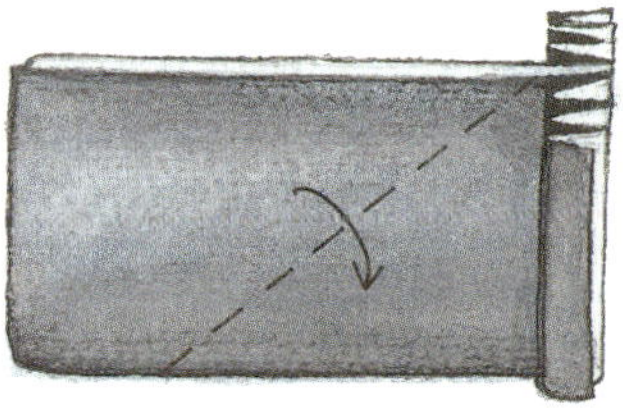

4. Nun den linken Teil nach unten klappen.

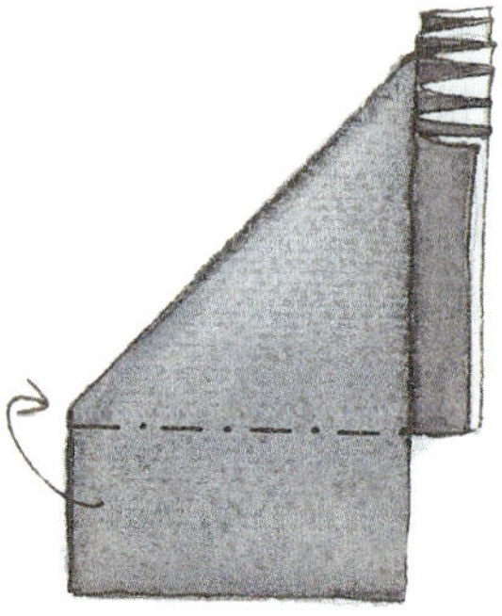

5. Den überstehenden Teil als Stütze hinter die Serviette klemmen.

Ihren Namen hat diese Form von den zwei verschiedenfarbigen Servietten, die an Dominosteine erinnern. Vorne dunkel und hinten hell, eine gelungene Abwechslung für eine besondere Tafel

Der Geishafächer

1. Schritt 1 und 4 der Grundform A ausführen. Dann die rote Serviette von links etwa ein Sechstel zur Mitte falten.

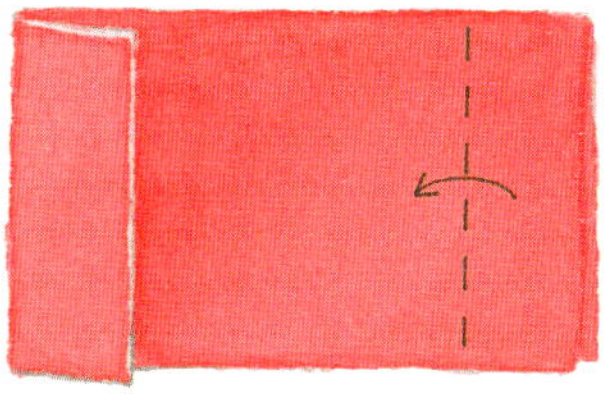

2. Dasselbe von rechts wiederholen und die Figur wenden.

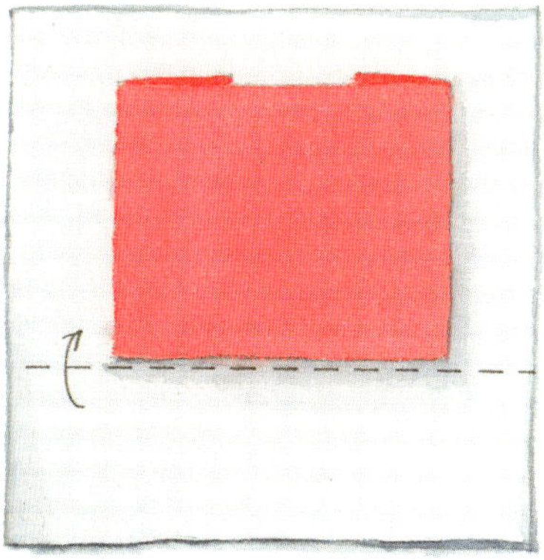

3. Die rote Serviette auf den oberen Teil der weißen legen. Den unteren Teil der weißen Serviette nach oben falten.

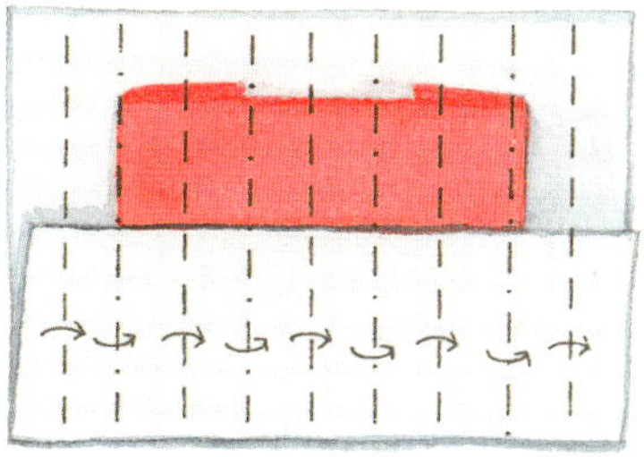

4. Die Servietten von links beginnend in Form einer Ziehharmonika falten.

5. Die entstandene Figur oben auseinander ziehen. Das untere Ende zusammendrücken und mit einer Schleife aus rotem Geschenkband zusammenbinden.

Hier wurden zwei verschiedenfarbige Servietten stilecht als japanische Geishafächer gefaltet. Übrigens sieht der Fächer auch ins Glas gesteckt hübsch aus

Das Kreuz

1. Eine Serviette gemäß Grundform C falten. Die Form wenden, die vier Ecken nacheinander zur Mitte falten.

2. Dann die Serviette erneut wenden und nochmals alle vier Ecken zur Mitte falten.

3. Nun die rechte obere Ecke nach außen wegziehen. Mit den übrigen drei Ecken ebenso verfahren.

4. Die fertige Figur etwas ausweiten und ein letztes Mal wenden, um das Kreuz sichtbar zu machen.

Bei dieser Figur kommt es ganz besonders darauf an, dass die Serviette gerade liegt und nicht verzogen ist, sonst werden die Faltkanten ungenau

Schmetterling und Windrad

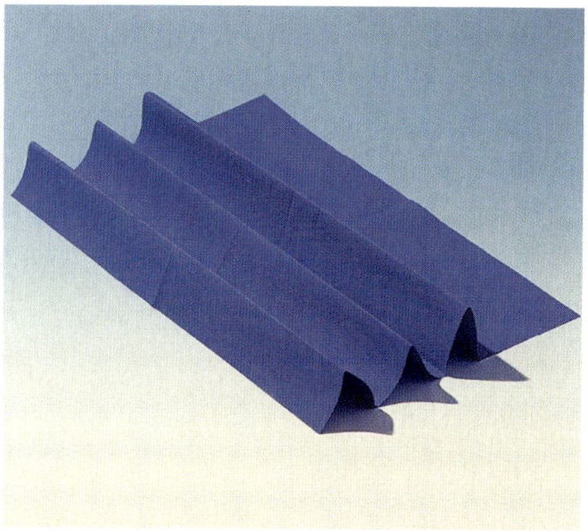

1. Die Serviette offen hinlegen und in sechs bis acht gleichmäßig breite Falten legen.

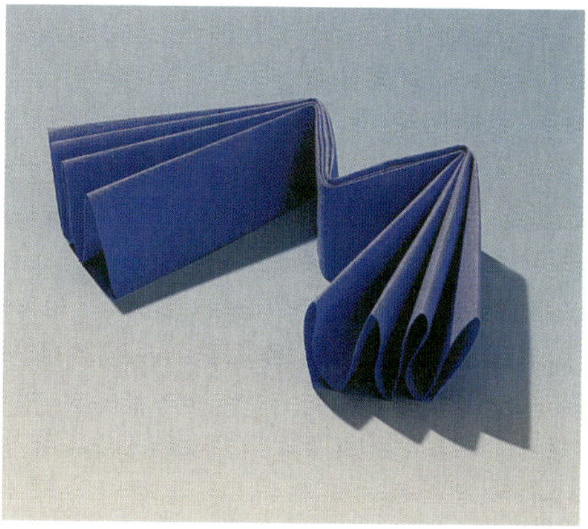

2. In die Mitte der Ziehharmonika eine Falte knicken und die Enden zu Flügeln auslegen. Der Schmetterling kann losfliegen.

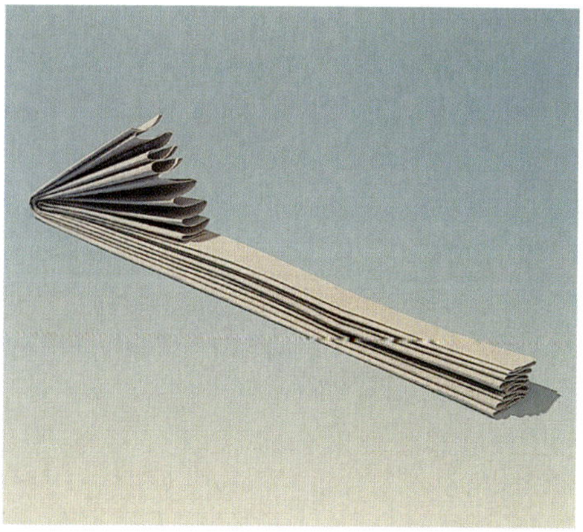

3. Für das Windrad wie beim Schmetterling verfahren. Dann beide Enden der Ziehharmonika zur Mitte falten. Die Knicke gut festdrücken.

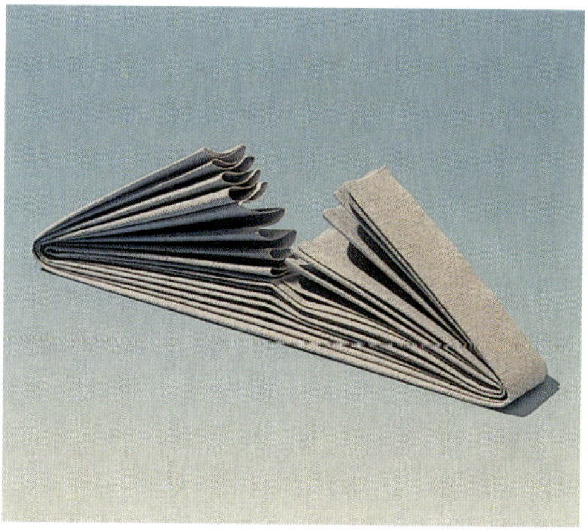

4. Zuletzt die zur Mitte geklappten Enden an beiden Seiten auffächern.

Für diese beiden Faltungen sollten die Servietten nicht zu groß sein. Papier- und Vliesservietten sind gut geeignet

Die Lotosblüte mit Blättern

1. Zwei verschiedenfarbige Servietten aufeinander legen und nach der Grundform C falten. Dann alle Ecken erneut nach innen falten.

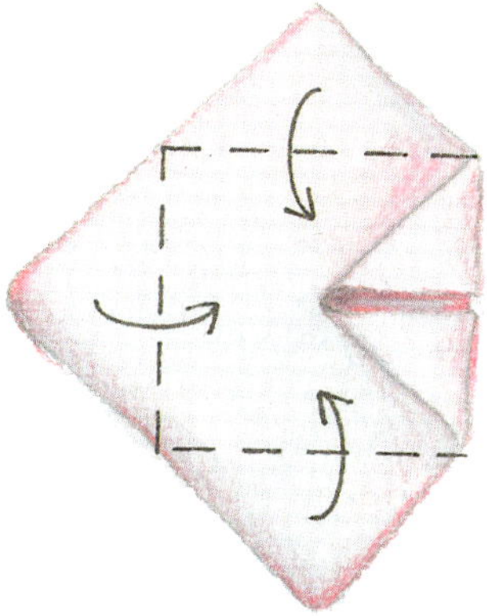

2. Die Serviette wenden und nochmals alle Ecken nach innen falten.

3. Nun auf die in der Mitte liegenden Ecken drücken. Die vier Ecken von der Rückseite hervorziehen.

4. Die Ecken in der Mitte festhalten. Zwischen den vier Ecken liegende Ecken von der Unterseite hervorziehen.

Diese hübsche Blüte, die schwieriger aussieht als sie ist, ergibt eine tolle Dekoration sowohl für den Tisch wie für das Büfett. Und sie kann schon Tage vorher gefaltet werden

Die Friedenstaube

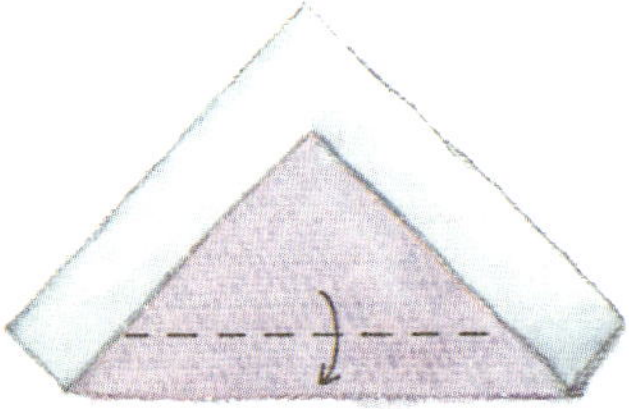

1. Die weiße Serviette auf die fliederfarbene legen. Die untere Ecke zur Mitte falten, sodass oben ein breiter weißer Rand bleibt. Das entstandene Dreieck nach unten falten.

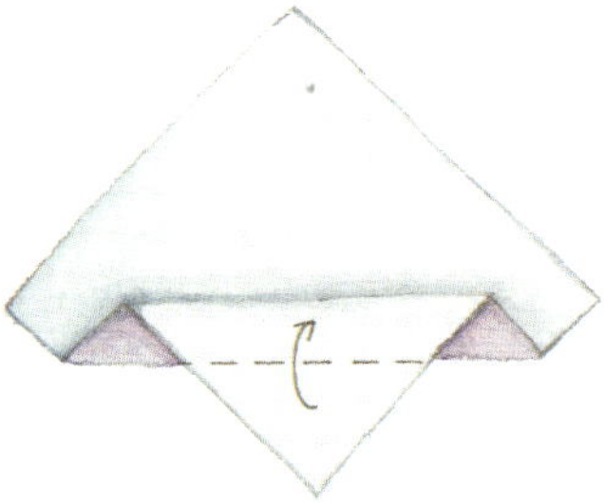

2. Das jetzt entstandene Dreieck wieder nach oben falten, dann noch mal nach unten.

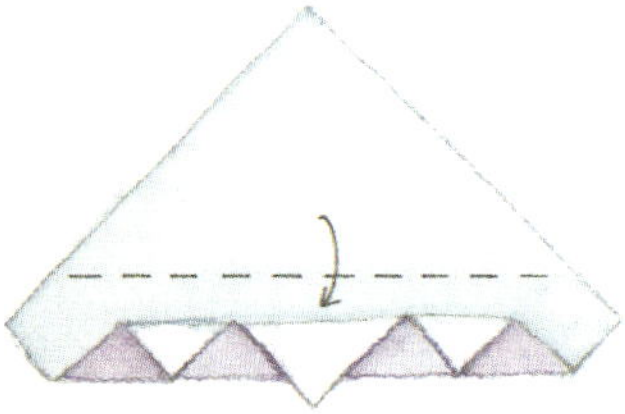

3. Das obere Dreieck nach vorn falten.

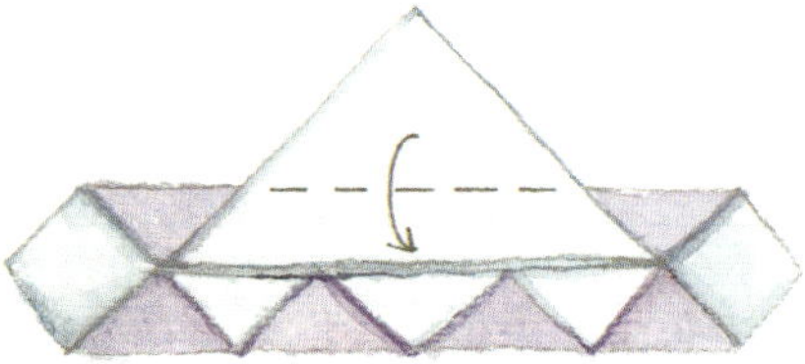

4. Nun die Faltung gegengleich wiederholen: Zuerst das oben liegende Dreieck nach oben falten, dann das entstandene Dreieck nach unten falten.

5. Das oben liegende Dreieck nach oben falten.

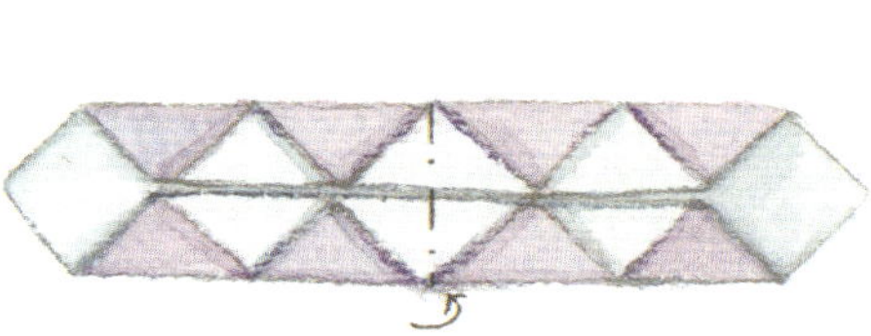

6. Die Figur in der Mitte senkrecht nach hinten klappen.

Mit zwei verschiedenfarbigen Stoffservietten wird hier eine Friedenstaube gefaltet. Da kann das gemeinsame Essen nur friedlich und harmonisch verlaufen

Die blühende Lilie

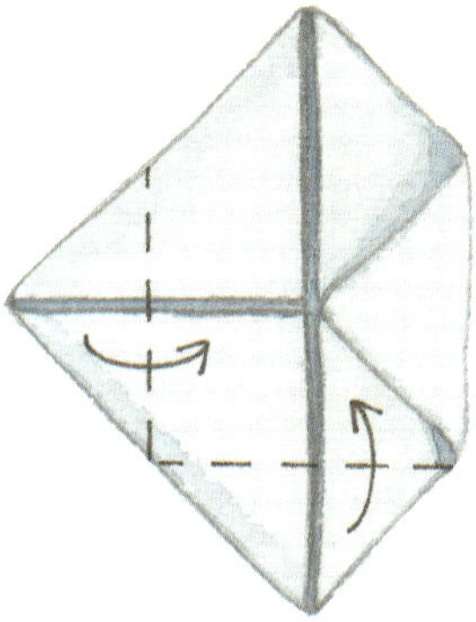

1. Die Grundform C falten. Die rechte, linke und untere Ecke zur Mitte falten.

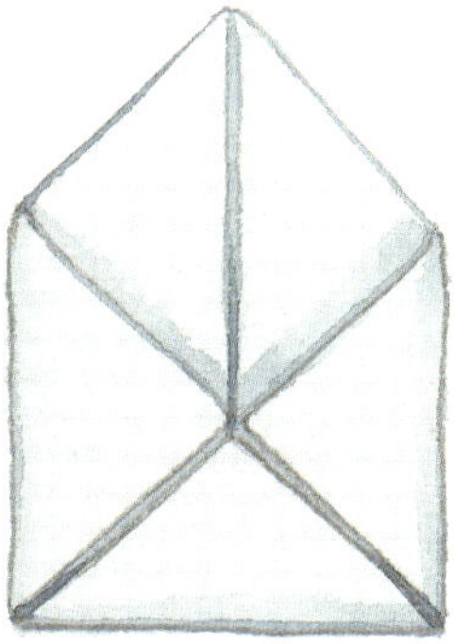

2. Die Serviette wenden.

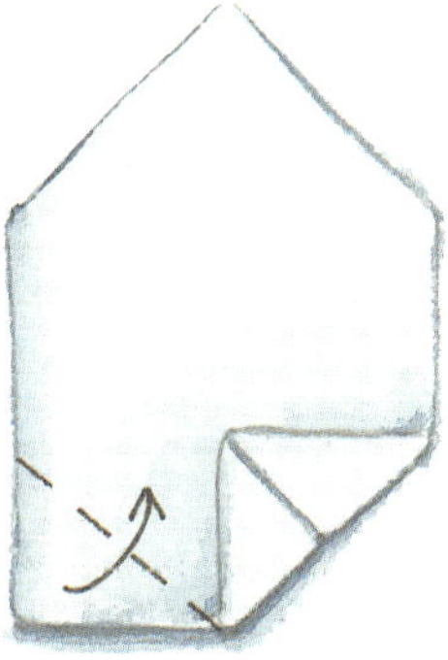

3. Die rechte und linke untere Ecke nacheinander zur Mitte brechen.

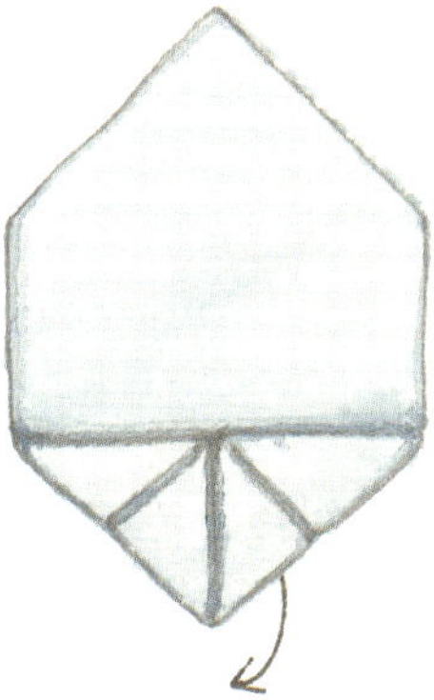

4. Auf die in der Mitte liegenden Ecken drücken. Die Ecke unten in der Mitte und rechts und links hervorziehen.

Eine wahrhaft königliche Blüte, die die Zierde jeder Tischdekoration ist. Fast zu schade, um sie zu benutzen

Die Sandhuhr

1. Die beiden Servietten getrennt nach Schritt 1 und 5 der Grundform A falten, dann aufeinander legen – blau auf weiß.

2. Die linke und rechte obere Ecke nach unten falten.

3. Nun die linke und rechte untere Ecke nach oben falten.

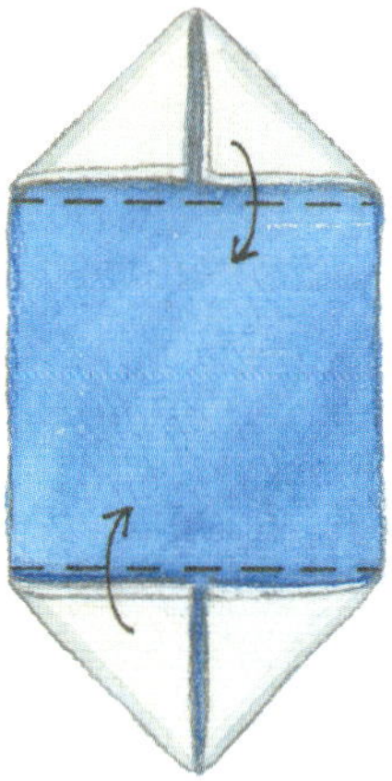

4. Das obere Dreieck nach unten klappen, das untere Dreieck nach oben.

Die beiden verschiedenfarbigen Servietten in Form einer Sanduhr sind geeignet für eine Tafel zum Jahreswechsel, wenn man den Wechsel der Zeit besonders hervorheben will

Asiatischer Fächer

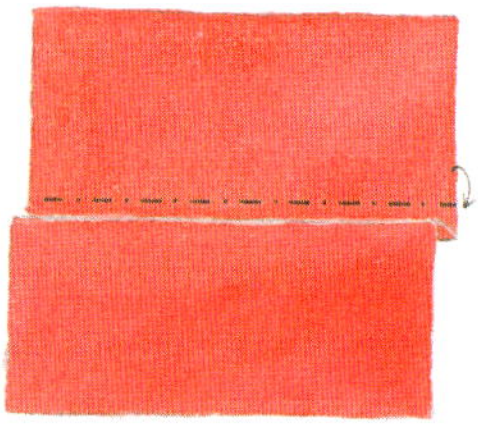

1. Die rote Serviette nach oben falten, obere Serviettenlage parallel zur Grundlinie nach vorn falten. Dann die hintere Serviettenlage ebenfalls parallel zur Grundlinie nach hinten falten. Von der Seite sieht die Serviette wie ein M aus.

2. Die anthrazitfarbene Serviette nach oben falten und unter die rote legen. Die anthrazitfarbene Serviette über die Unterkante der roten nach oben falten.

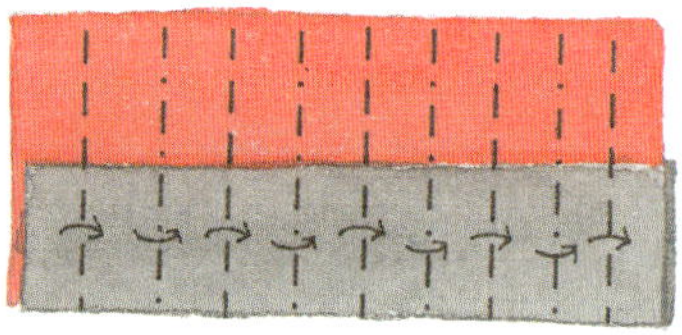

3. Die Servietten von einer Seite her in die Ziehharmonikaform falten.

4. Nun die Servietten am unteren Ende zusammenhalten. Die nach innen zeigenden Ecken der roten Serviette vorsichtig nach außen falten. Die Servietten drehen und die Ecken vorsichtig nach außen falten.

5. An der anthrazitfarbenen Serviette die Ecken vorsichtig nach außen falten. Zum Schluss die Figur am oberen Ende auseinander ziehen.

Für diese Figur braucht es etwas Geschick und Übung. Aber das Ergebnis entschädigt für die Mühe. Stecken Sie den Fächer in ein Gefäß oder einen gläsernen Serviettenhalter.

Der Drachen

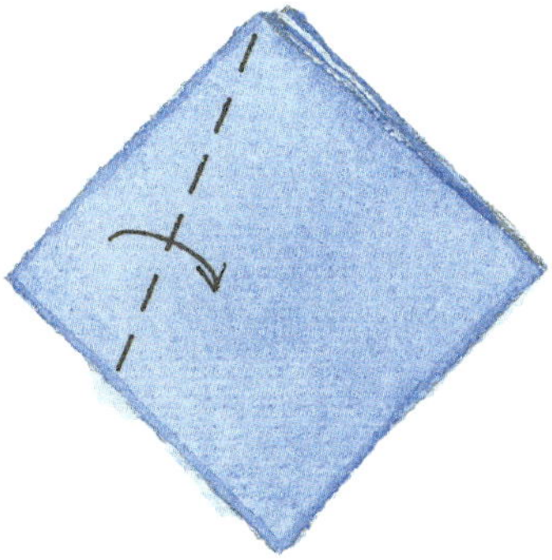

1. Schritt 1 und 5 der Grundform A ausführen. Die Serviette mit einer Spitze nach unten legen und in der Mitte falten. Die linke Ecke nach vorn falten.

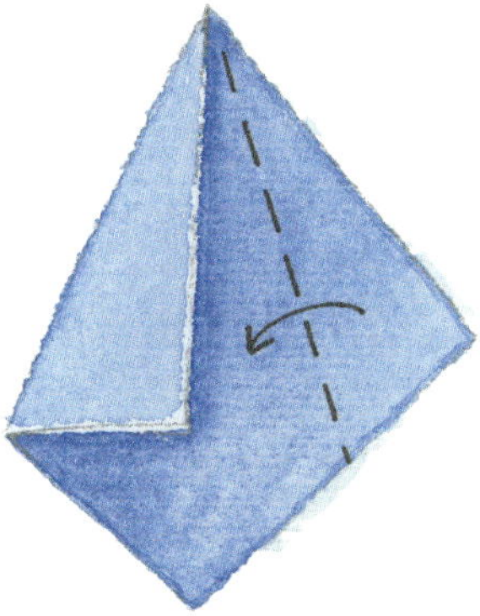

2. Die rechte Ecke ebenfalls nach vorn falten.

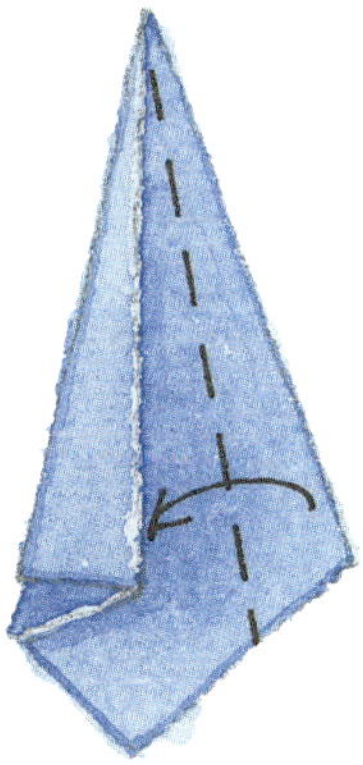

3. Die Serviette wenden. Die linke und rechte Ecke nach vorn falten.

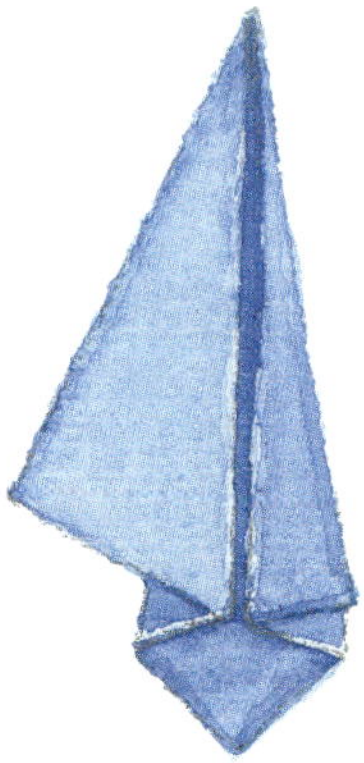

4. Nun die Ecken rechts und links hervorziehen. Die Figur wenden.

Wenn im Herbst draußen die Drachen steigen, liegt drinnen auf dem Teller ein gefalteter Drachen zu einer herbstlichen Mahlzeit

Die Seerose

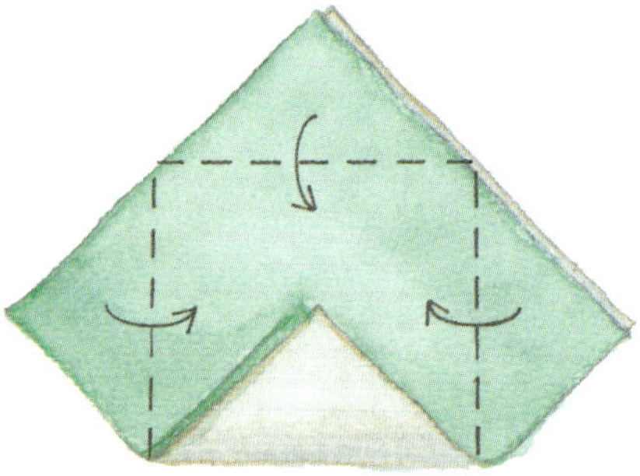

1. Legen Sie zwei Servietten übereinander und falten Sie sie nach Grundform C.

2. Die entstandenen vier Ecken erneut zur Mitte falten.

3. Die Servietten wenden und nochmals alle Ecken zur Mitte falten.

4. Mit dem Daumen auf die in der Mitte liegenden Ecken drücken und die unten liegenden vier Ecken hervorziehen.

Neben der Lotosblüte auf Seite 62 und der Lilie auf Seite 66 darf auch die Seerose nicht fehlen. Hier ist sie, aus zwei verschiedenfarbigen Servietten gefaltet

Das Windrad

1. Die Serviette mit der Unterseite nach oben hinlegen. Die linke und die rechte Kante nacheinander zur Mitte falten.

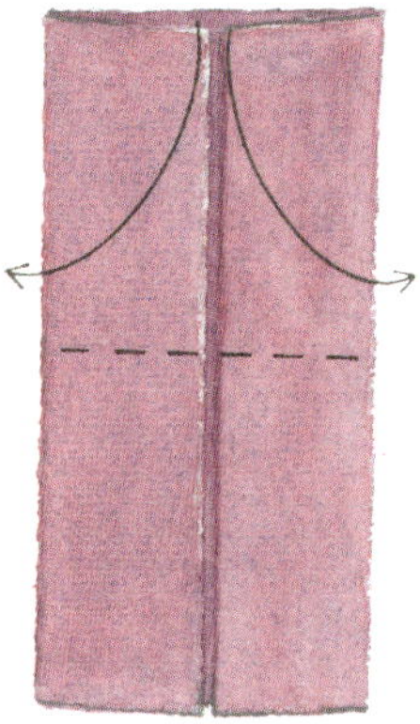

2. Die Mitte der oberen Kante zur Mitte und die Ecken in Pfeilrichtung nach außen ziehen.

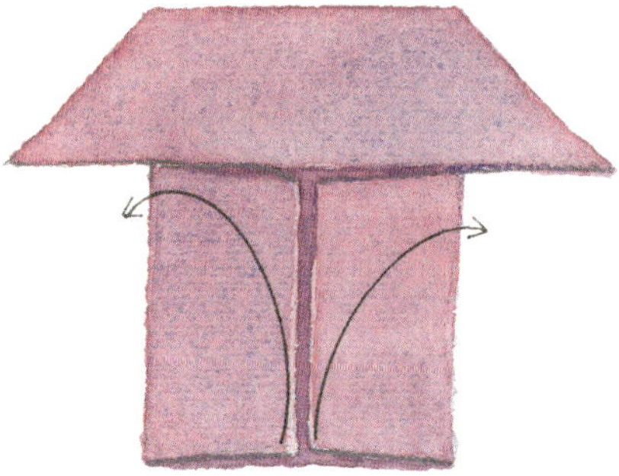

3. Die Mitte der unteren Kante ebenfalls zur Mitte ziehen.

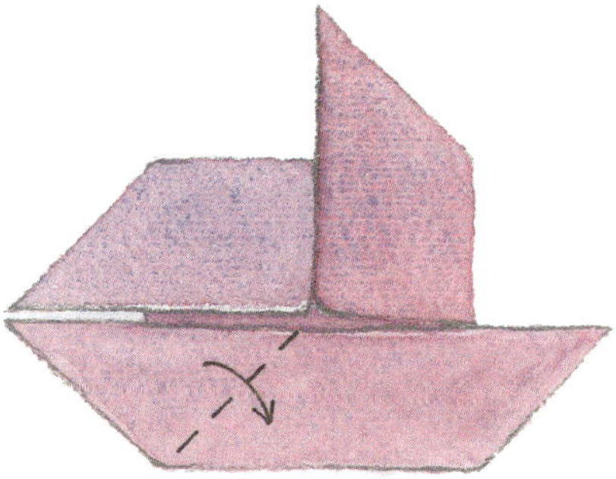

4. Die rechte obere Ecke nach oben, die linke untere Ecke nach unten falten.

Geeignet als Deko für eine Gartenparty, wobei die Servietten hier auch als Unterlage für den Kerzenständer dienen können. Hierfür eignen sich Papierservietten besser als Stoffservietten

Das Sandwich

1. Zuerst Schritt 1 und 5 der Grundform A vornehmen. Die Öffnung zeigt nach rechts. Alle vier Ecken nun zur Mitte hin falten.

2. Das untere Dreieck nach oben falten.

3. Das obere Dreieck nach unten falten.

4. Die Serviette wenden. Das untere Viertel nach oben falten, das obere Viertel nach unten.

5. Die Serviette nochmals wenden, dann sollte sie so aussehen.

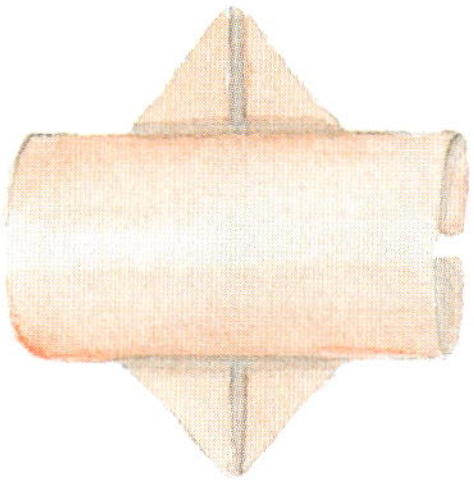

6. Das obere und untere Dreieck nach außen klappen.

Das Sandwich sieht aus wie aus zwei Servietten gefaltet. Tatsächlich ist es nur eine Serviette, aus der diese raffinierte Form entsteht. Ideal für Snacks oder kleinere Dinner

Ein Blumenbouquet

1. Die rote Serviette um 45 Grad versetzt auf die grüne legen. Beide hochheben und ausschütteln.

2. In die Servietten von der Mitte aus einen Blumenstiel drehen.

3. Die Figur am Stiel mit rotem Dekoband zusammenbinden.

Dieses Blumenbouquet auf dem Tisch ersetzt fast die richtigen Blumen, so bunt und duftig sieht es aus. Stecken Sie es in Gefäße oder Gläser fürs Büffet. Benötigt werden zwei verschiedenfarbige Vliesservietten in auffallenden Farben

Das Mützchen

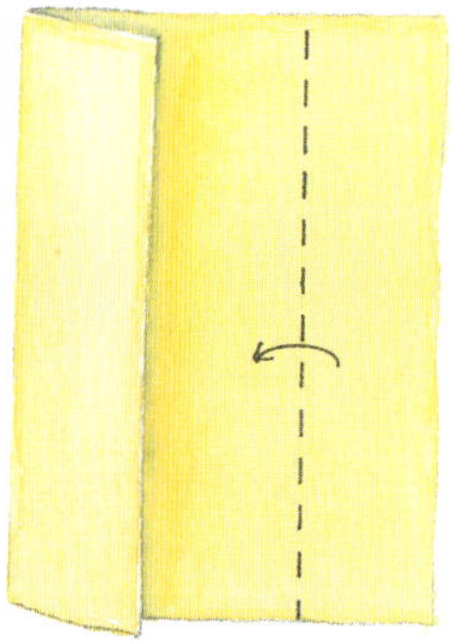

1. Legen Sie die Serviette glatt vor sich hin. Nun falten Sie das linke Viertel zur Mitte.

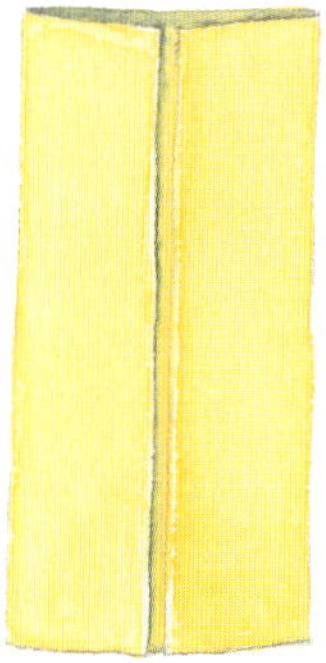

2. Entsprechend das rechte Viertel zur Mitte falten.

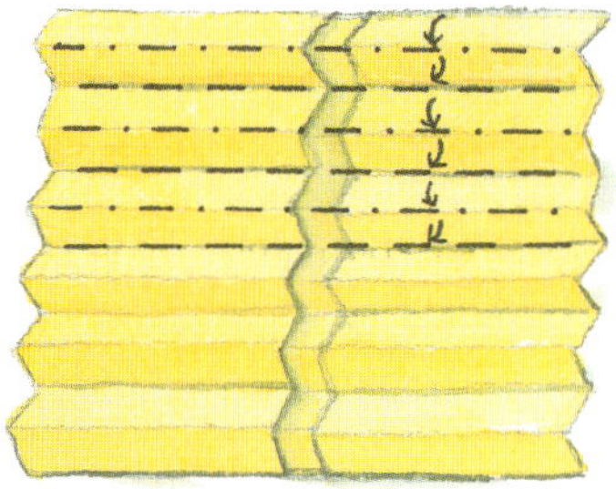

3. Nun die Serviette in Form einer Ziehharmonika falten, das Band in der Mitte zusammendrücken und mit einer andersfarbigen Schleife zusammenbinden.

Ein Mützchen in der Art wie es Franzosen tragen.
In den entsprechenden Farben ist es als Tischschmuck
für einen französischen Abend besonders gut geeignet

Der Cowboyhut

1. Bereiten Sie die Serviette nach Schritt 1 und 2 der Grundform B vor, jedoch sollte die Serviette zu Beginn mit der rechten Seite nach oben liegen. Die unteren Ecken zur Mitte falten, damit die Nahtkanten waagerecht liegen.

2. Nun die obere Lage der Spitze nach unten klappen, sodass diese Form entsteht.

3. Die Serviette umdrehen und das verbliebene Dreieck nach unten falten. Zuletzt den Hut oval ausformen und die Spitze etwas eindrücken.

Ein Cowboyhut für den Westernabend? Oder für das Barbecue im Garten? – Auf jeden Fall ein ganz besonderer Partygag

Die schwedische Flagge

1. Die gelbe Serviette deckungsgleich auf die blaue legen. Die Ecken rechts und links unten jeweils Richtung Mitte, aber nicht ganz bis zum Mittelpunkt der Serviette falten.

2. Nun die Ecken rechts und links oben Richtung Mitte falten, beide jeweils nicht ganz bis zur Mitte.

3. Den oberen und den unteren Teil der Serviette nacheinander paralell zur Mittellinie nach hinten umklappen.

4. Die Spitzen auf der linken und rechten Seite der Serviette ebenfalls nach hinten wegklappen.

Sind Sie Schwedenfan oder haben Sie Besuch aus Schweden? Überraschen Sie Ihre Gäste zum Menü mit schwedischen Köstlichkeiten und einer Serviettendekoration in den Farben der schwedischen Flagge. Natürlich brauchen Sie Servietten in den Farben Blau und Gelb

Die spanische Flagge

1. Die gelbe Serviette nach Schritt 1 und 4 der Grundform A vorbereiten, die Öffnung zeigt dann nach unten. Die gelbe Serviette auf die rote legen, sodass oben ein schmaler roter Streifen sichtbar bleibt.

2. Den unten überstehenden roten Rand derart nach hinten falten, dass ein ähnlich breiter, roter Streifen wie oben entsteht.

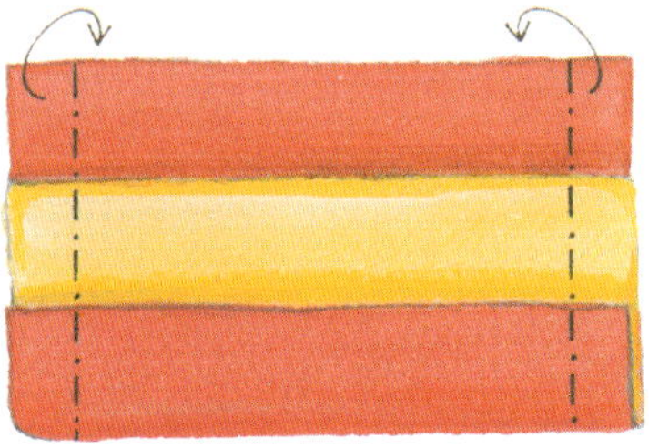

3. Die linke Seite nach hinten wegklappen.

4. Den rechten Rand nach hinten wegklappen.

Zu einer spanischen Nacht mit Paella und Sangria bilden die passenden Servietten in den Landesfarben Gelb und Rot die perfekte Ergänzung – Olé

Der festliche Tisch

Zu besonderen Anlässen wie Familienfeiern oder Festen im Jahreslauf darf es nicht an festlich gefalteten Servietten fehlen. Sie geben dem geschmückten Tisch erst das richtig feierliche Flair.

Der Smoking

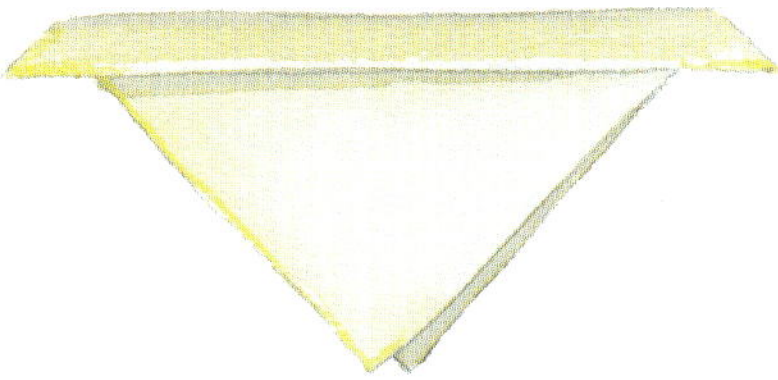

1. Serviette nach Schritt 1 und 2 der Grundform B falten, sodass die Spitze nach unten zeigt. Dann ein Band parallel zur Grundkante nach unten falten. Die Serviette wenden.

2. Die rechte Ecke leicht schräg nach unten zur Mitte falten.

3. Die linke Ecke ebenfalls leicht schräg nach unten falten.

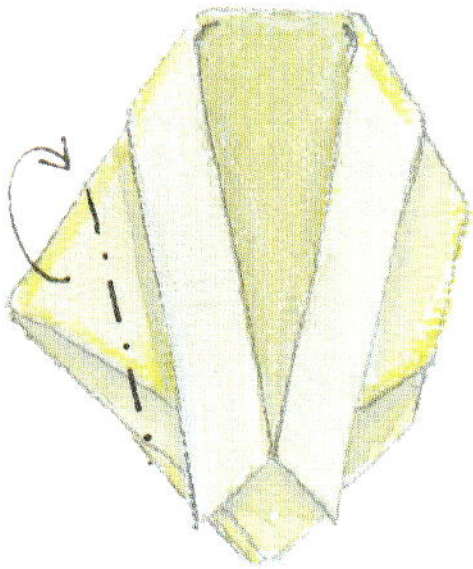

4. Nun die linke und die rechte Ecke nach hinten klappen.

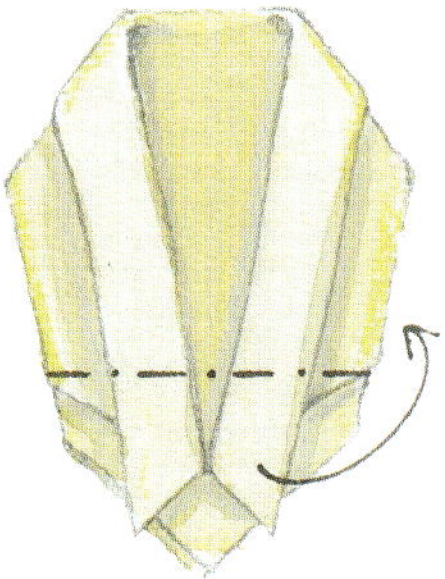

5. Den unteren Teil nach hinten falten und wie auf dem Foto eine Schleife aus schwarzer Pappe anbringen.

Entsprechend den anwesenden Damen und Herren haben sich hier auch die Servietten in „Schale“ geworfen und erscheinen im Smoking

Die Soutane

1. Schritt 1 und 2 der Grundform B vornehmen, die Spitze soll nach unten zeigen, und ein Band parallel zur Grundkante nach unten falten.

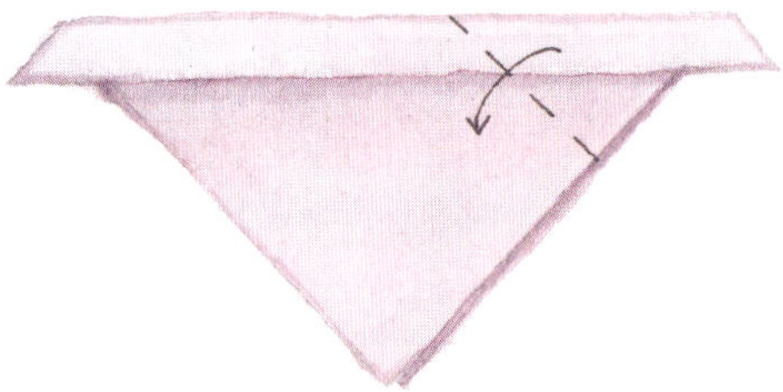

2. Die Serviette wenden und die rechte Ecke ebenfalls nach unten falten.

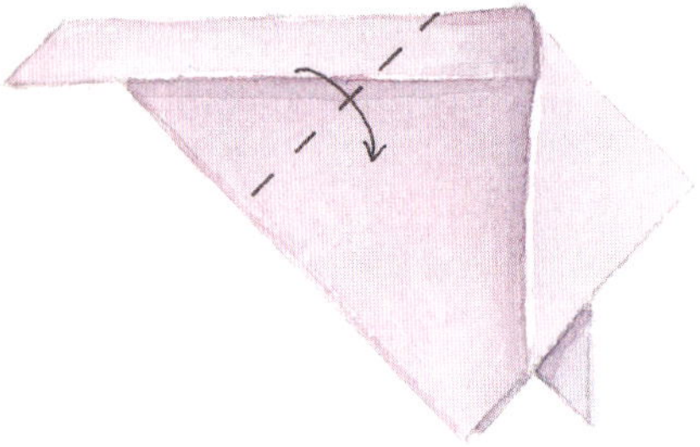

3. Dann die linke Ecke der Serviette nach unten brechen.

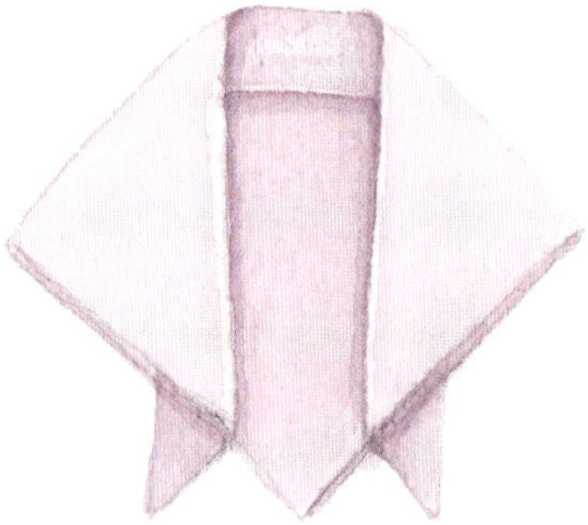

4. Die Spitzen glatt streichen.

Zu kirchlichen Feiern und Festen wird der Pfarrer eingeladen. Er wird erfreut sein, wenn er die Serviette passend in Form seiner Soutane vorfindet

Zur Kommunion

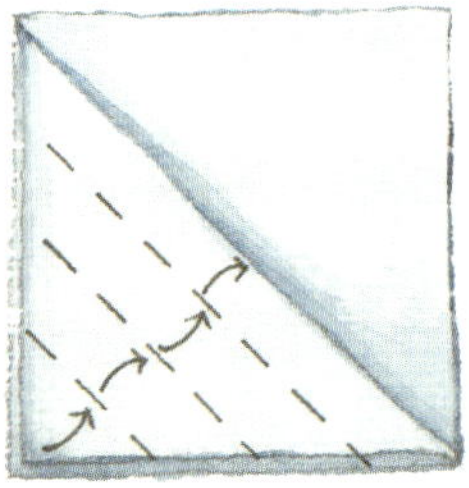

1. Zur Vorbereitung legen Sie Schritt 1 bis 3 der Grundform A. Die offenen Ecken zeigen nach rechts oben. Dann die obere Lage über die Diagonale nach unten falten.

2. Die nach unten zeigende Ecke in Ziehharmonikafalten zur Mitte brechen.

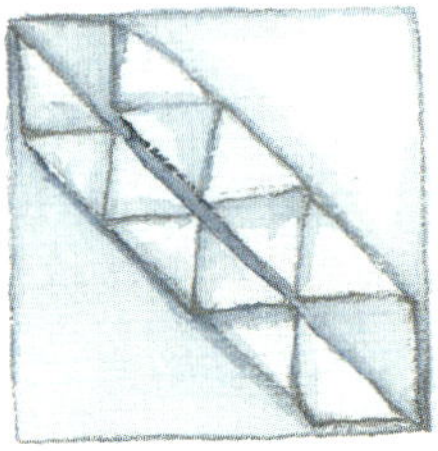

3. Dann auch die obere Lage in der rechten Ecke in Ziehharmonikafalten zur Mitte brechen.

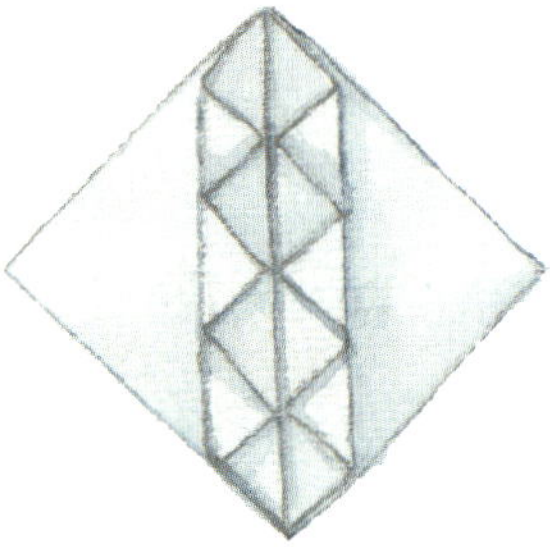

4. Nun die Figur um 45 Grad im Uhrzeigersinn drehen.

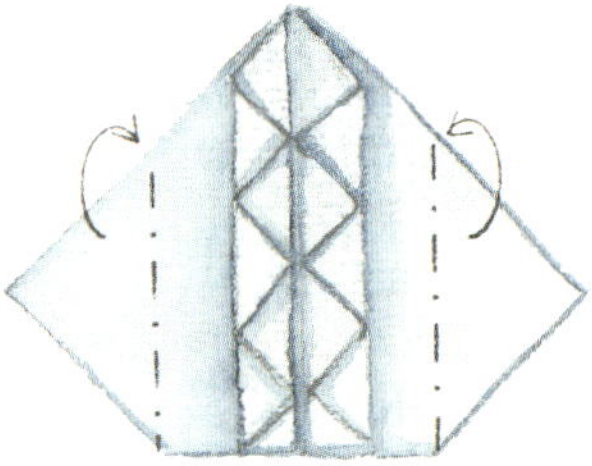

5. Die untere Spitze nach hinten klappen, danach die linke und rechte Ecke nach hinten falten.

Sicher passt die Serviettenform auch zur Konfirmation. Vielleicht trägt einer der Festgäste ein Hemd oder eine Bluse, die wie die Serviette mit Rüschen besetzt ist

Die Bischofsmütze

1. Legen Sie die Serviette nach Schritt 1 und 2 der Grundform A zurecht. Dann die linke obere Ecke zur Mitte nach unten falten.

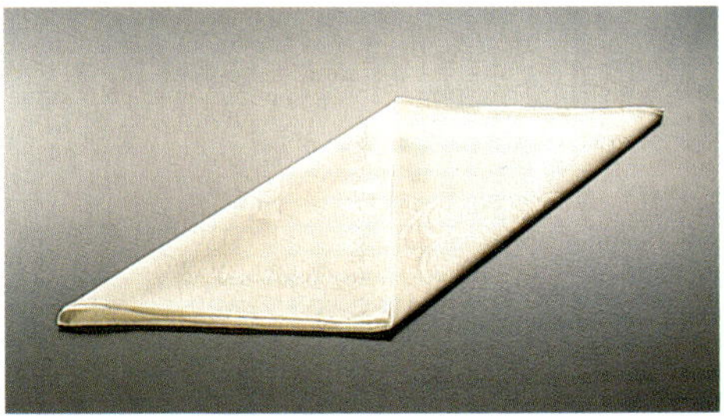

2. Anschließend die rechte untere Ecke zur Mitte nach oben falten. Es entsteht eine Raute.

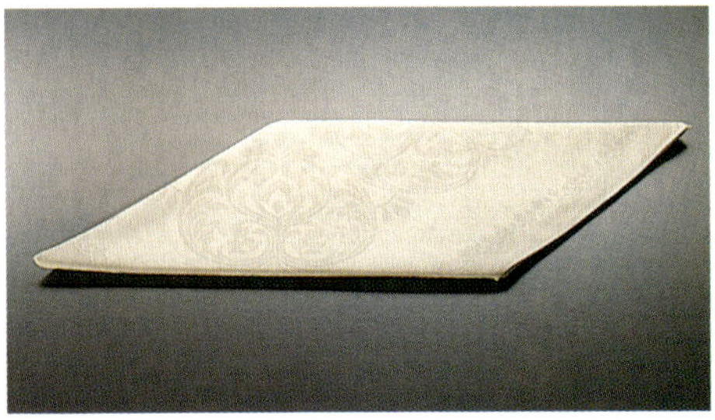

3. Die Serviette um 45 Grad im Uhrzeigersinn drehen, dann wenden, sodass die Dreiecke unten liegen.

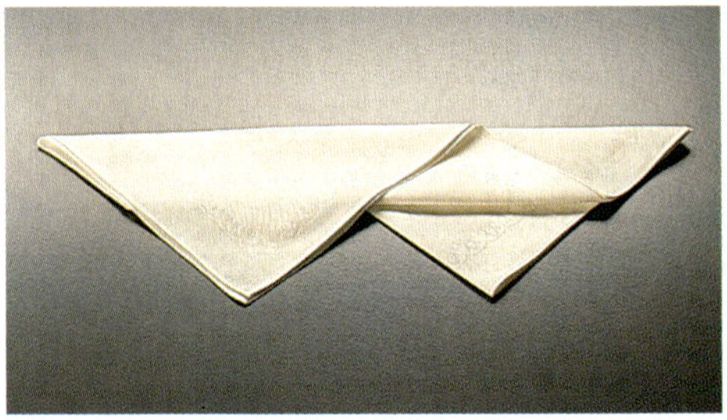

4. Nun die Raute in der Mitte nach oben falten (die Spitzen der Dreiecke sollten nach unten überstehen).

5. Das rechte Dreieck wird über die Oberkante nach vorn geschlagen.

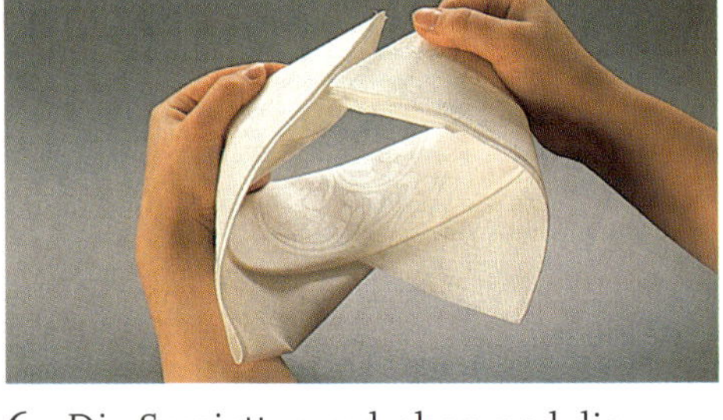

6. Die Serviette umdrehen und die Ecken ineinander stecken.

Die Bischofsmütze zählt zu den beliebten klassischen Formen. Zugleich ist sie auch bestens für den festlichen Tisch geeignet

Bischofsmütze mit Variante

1. Alle drei Schritte der Grundform B vornehmen. Die Spitze des Dreiecks nach vorn umlegen.

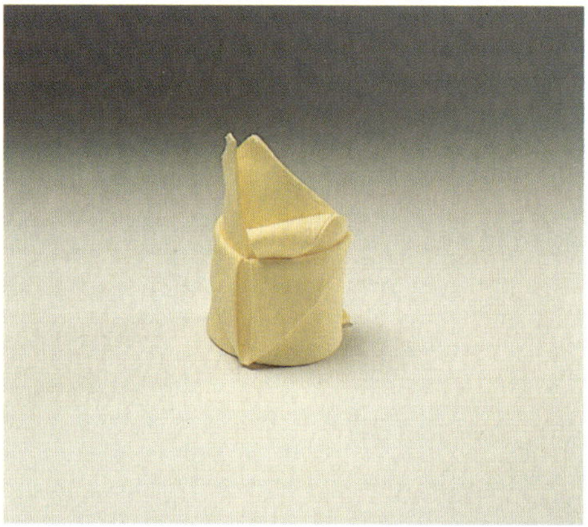

2. Die beiden Enden des Dreiecks hinten zusammenstecken. Die vorderen Spitzen in den Rand einstecken.

Variante: Soll die Bischofsmütze zweifarbig werden, eine Papierserviette zu dieser Form (gelb) zuschneiden und auf den Ausgangsrhombus (Schritt 3 der Grundform B) legen.

Es muss nicht immer eine blütenweiße Serviette sein. Diese Bischofsmütze gibt es sogar zweifarbig, wobei die gelbe Einlage aus einer Papierserviette besteht

Die Robbe

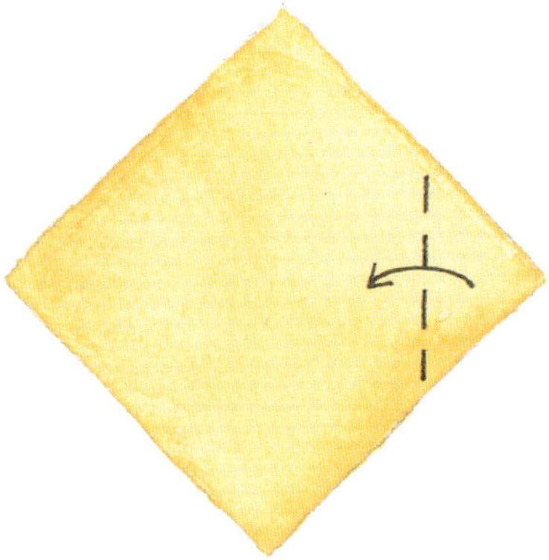

1. Die Serviette nach der Grundform C zusammenfalten. Dann wenden und die rechte Ecke zur Mitte falten.

2. Nun die untere und linke Ecke ebenfalls zur Mitte falten. Die linke und rechte in der Mitte liegenden Ecken nach außen falten.

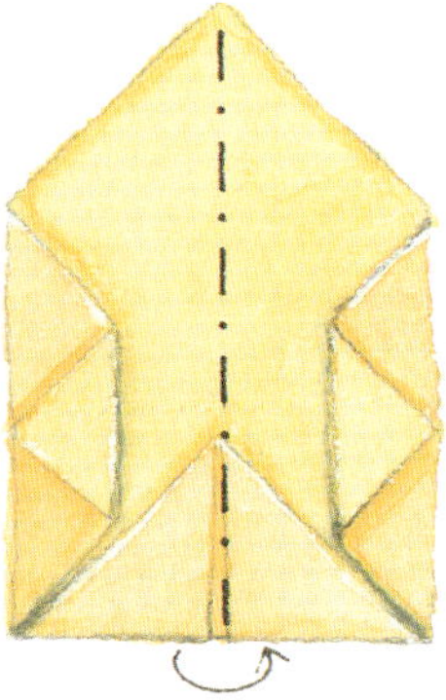

3. Die ganze Figur in der vertikalen Mittellinie nach hinten falten.

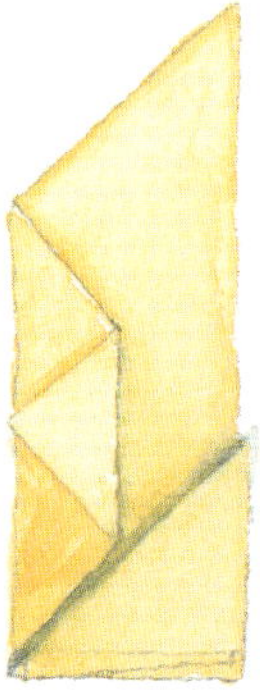

4. Zuletzt das rechte Serviettenstück leicht nach oben ziehen.

Mal etwas ganz anderes für den Festtisch – eine Serviette in Robbenform. Über sie freuen sich große Seebären genauso wie kleine Seeleute beim Kindergeburtstag

Der Osterhase

1. Die Serviette laut Schritt 1 und 2 der Grundform B falten. Das entstandene Dreieck vom spitzen Ende her einrollen.

2. Die Serviette in der Mitte nach unten drücken. Die außenstehenden Enden als Ohren nach oben ziehen.

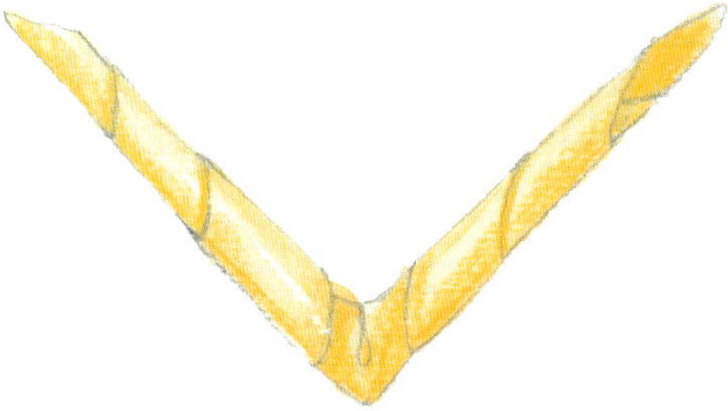

3. In der Mitte für ein hart gekochtes Ei (oder eine andere Überraschung) eine Mulde formen.

4. Die „Ohren" oberhalb des Rings mit einer Schleife zusammenbinden.

Kein Ostern ohne Osterhase, kein Ostertisch ohne Servietten in Osterhasenform. Da lässt sich ein Ei schön verstecken

Die Lilie

1. Bereiten Sie die Serviette nach Grundform B vor und drehen Sie sie um 180 Grad. Klappen Sie dann die beiden Spitzen, die unten liegen, nach oben.

2. Nun falten Sie die Spitze des unteren Blattes einmal nach oben und schlagen diesen Teil noch einmal ein.

3. Den gefalteten unteren Teil nun bis zur Mitte hochziehen.

4. Heben Sie die Serviette an und stecken Sie die äußeren Ecken hinten zusammen. Zuletzt die Spitzen vorne und hinten herunterziehen und in den Rand stecken (großes Bild).

Die Bourbonenlilie ist das Symbol französischer Könige. Hier können Sie sie mit etwas Geschick zur Zierde Ihrer Festtafel machen. Ein wahrhaft königliches Mahl!

Falter und Blüte

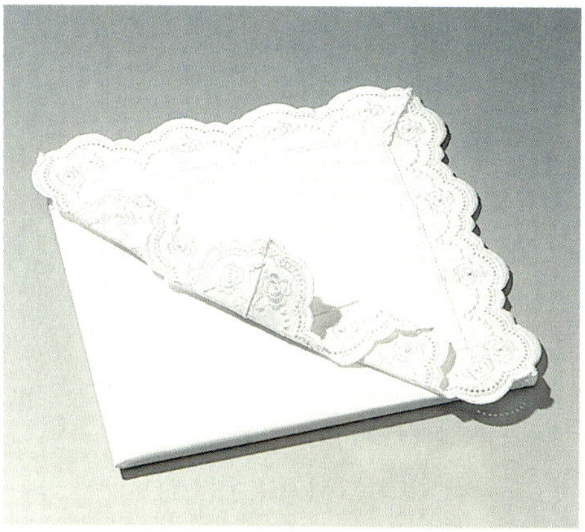

1. Zuerst Schritte 1 bis 3 der Grundform A falten. Dann die oben liegende Ecke diagonal auf die untere Ecke falten und diese Ecke dann zur Mitte hin in zwei Falten legen.

2. Ebenso mit der nächsten oben liegenden Ecke verfahren.

3. Die Serviette an der Diagonalen nach hinten falten und auflegen. Fertig ist der Falter.

4. **Für die Blüte:** Die seitlichen Ecken des Falters nach hinten biegen und zur Blüte ineinander stecken.

Aus dieser Faltung können gleich zwei Motive entstehen: der Falter und die Blüte, auf die er sich setzt. Dann brauchen Sie allerdings zwei Servietten. Sehr schön sehen Spitzenservietten aus

Das Hemd

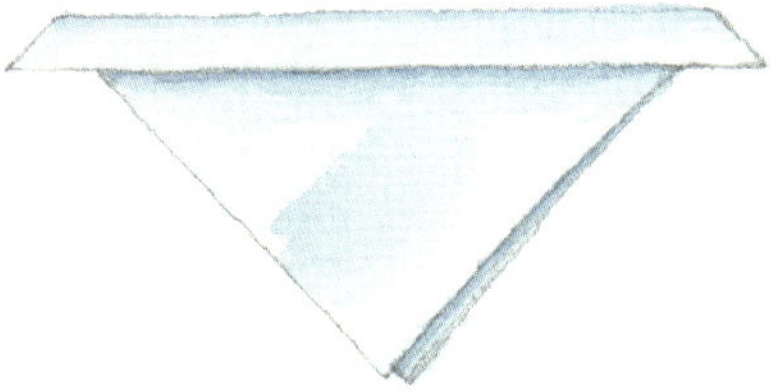

1. Zuerst Schritt 1 und 2 der Grundform B falten, wobei die Spitze des Dreiecks nach unten zeigen sollte. Dann das Band nach unten falten.

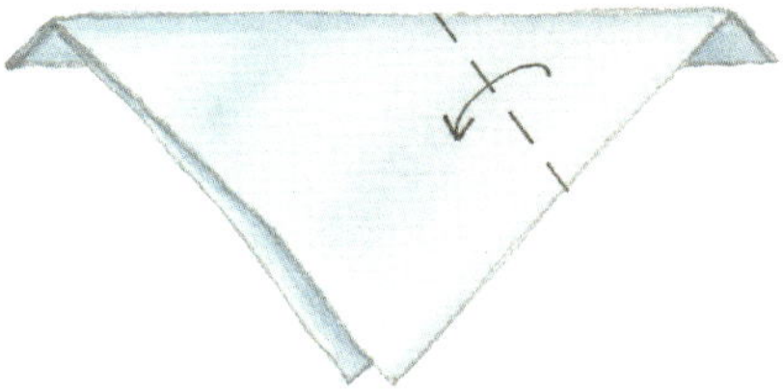

2. Die Serviette wenden und die rechte Ecke nach unten falten.

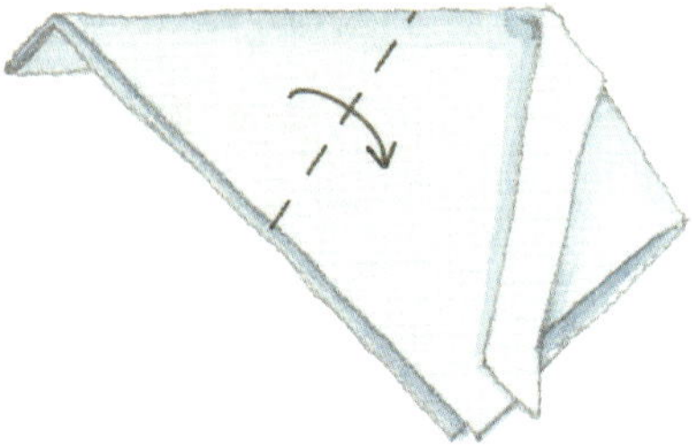

4. Anschließend die linke Ecke nach unten falten.

5. Die Spitzen exakt symmetrisch ausrichten.

Ein weißes Hemd gehört zur Festtafel, besonders wenn die ganze Familie zusammenkommt wie an Weihnachten oder Silvester

Die gestreifte Säule

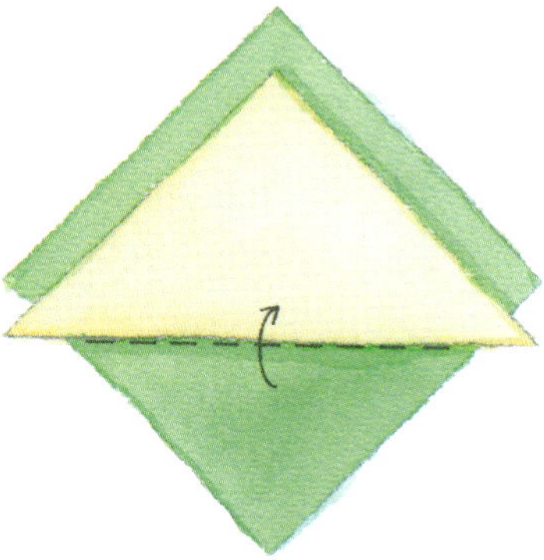

1. Die gelbe Serviette diagonal falten und auf die grüne Serviette legen. Den unteren grünen Teil nach oben falten.

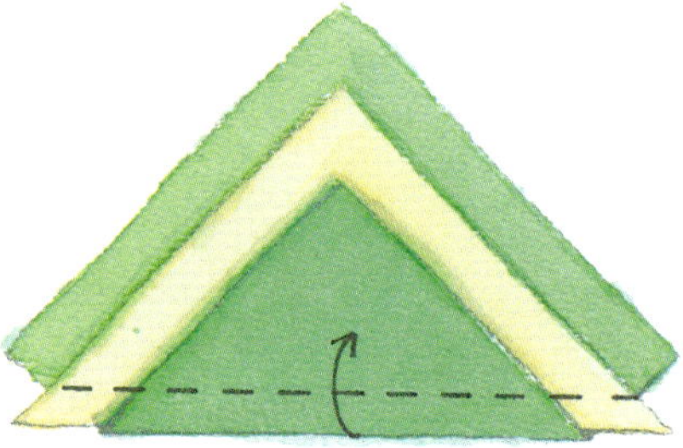

2. Die untere Kante parallel nach oben falten.

3. Die untere Kante ein weiteres Mal nach oben falten.

4. Die Serviette wenden und von der rechten Seite her einrollen.

5. Die Säule aufstellen und die überstehende Ecke hinter das Band klemmen.

Die Säule sieht besonders hübsch aus, wenn sie in Gläser gesteckt wird, also zum Beispiel bei einer Party oder auf dem Büfett. Nehmen Sie zwei verschiedenfarbige Servietten, es eignen sich auch Vliesservietten

Der Spitzenfächer

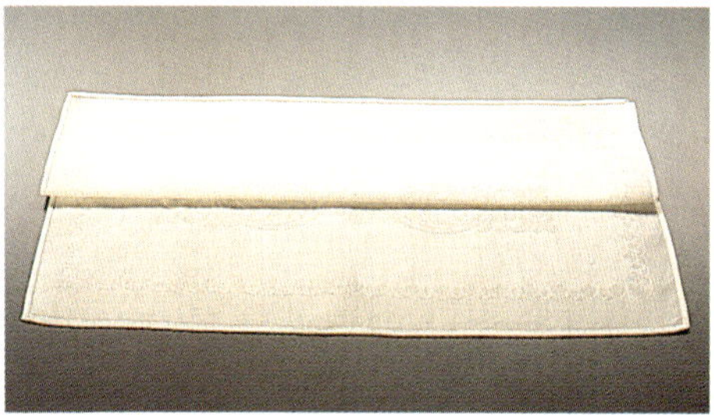

1. Falten Sie Schritt 1 und 2 der Grundform A. Falten Sie das obere Blatt wieder zur Mitte und wenden Sie die Serviette.

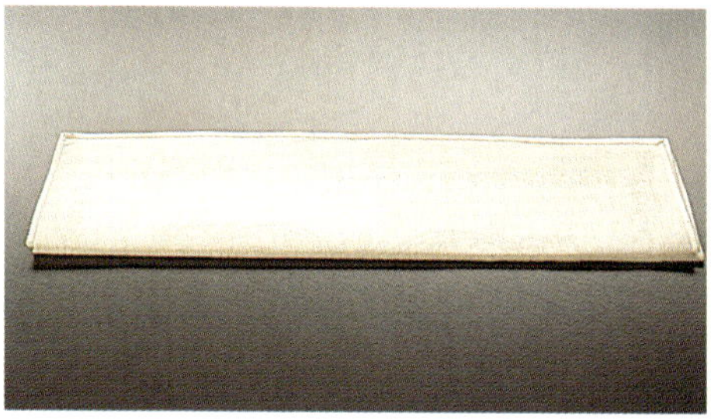

2. Das Blatt, das jetzt oben liegt, wird nach oben gefaltet und die Serviette um 90 Grad gedreht.

3. Legen Sie die schmale Seite in Ziehharmonikafalten.

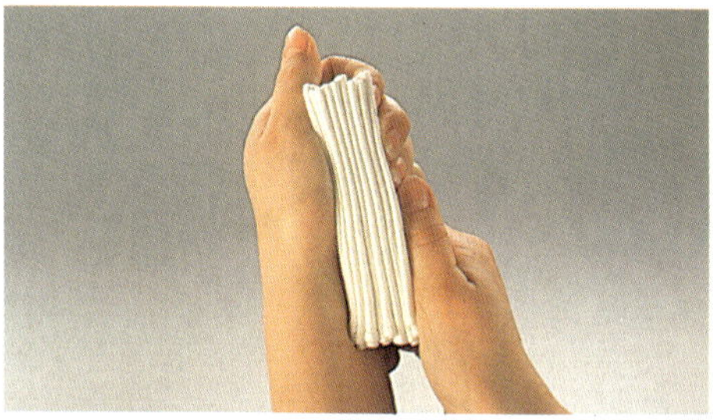

4. Pressen Sie die Figur gut zusammen und nehmen Sie sie mit den offenen Kanten nach unten fest in die Hand.

5. Nun von den oberen geschlossenen Kanten auf beiden Seiten die inneren Ecken nach außen ziehen. Dabei nach jedem Ziehen erneut pressen.

6. Zum Schluss die Serviette auseinander falten.

Wenn Sie diesen Fächer aus einer mit Spitzen besetzten Serviette falten, entspricht er seinem Namen in doppeltem Sinne und Ihre Gäste werden begeistert sein

Forelle blau

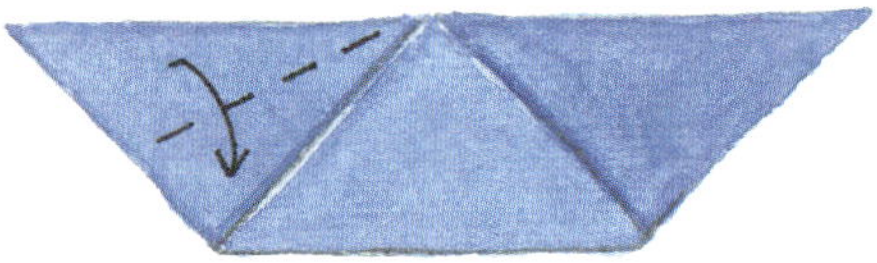

1. Falten Sie Schritte 1 und 2 der Grundform B so, dass die Öffnung nach unten zeigt. Dann falten Sie die untere Ecke nach oben und das linke überstehende Dreieck nach vorn.

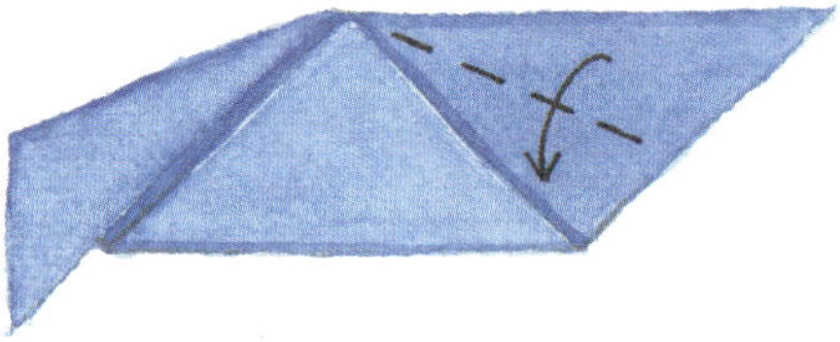

2. Anschließend falten Sie das rechte überstehende Dreieck ebenfalls nach vorn.

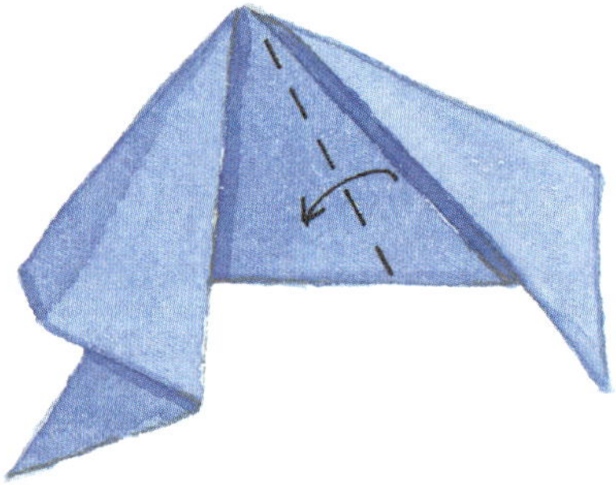

3. Nun klappen Sie die linke Seite so nach innen, dass sie bis zur Mitte reicht und verfahren anschließend in der gleichen Weise mit der rechten Seite.

4. Die Figur wenden und eventuell als Auge eine kleine Schnecke darauf legen.

Der Name spricht für sich. Die Form passt am besten zu einem Fischessen – vielleicht zum Weihnachtskarpfen? Denn so genau muss man es auch wieder nicht nehmen

Der Seeigel

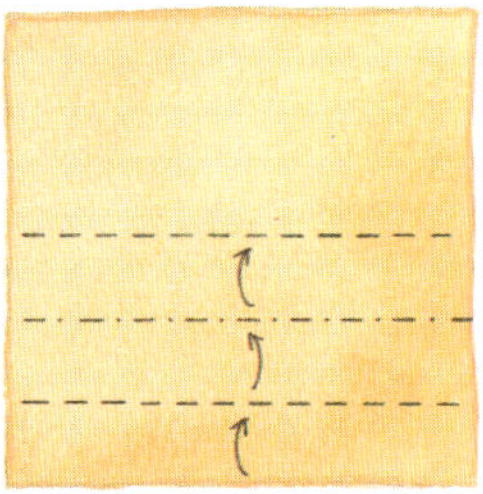

1. Die Serviette in Ziehharmonikafalten mit sechs Bändern legen. Die obere Lage sollte nach oben hin offen sein.

2. Die obere rechte Ecke nach innen ziehen. Die jetzt frei liegende und die zuunterst liegende Ecke ebenso nach innen ziehen.

3. Das linke Ende auf die gleiche Art falten. Das linke Drittel der Figur dann nach rechts klappen.

4. Den oben liegenden Teil der linken Seite in der Mitte wieder zurückfalten.

5. Mit dem rechten Teil gegengleich verfahren. Das oben aufliegende Band in der Mitte zurückklappen.

6. Die beiden oben aufliegenden Ecken zur Mitte hin ziehen.

Der Seeigel ist etwas aufwendig zu falten, sieht aber als Tischdekoration für ein Meerestiere-Essen ziemlich gut aus

Der Stern

1. Legen Sie eine Serviette offen hin. Falten Sie die obere und untere Kante zur Mitte hin.

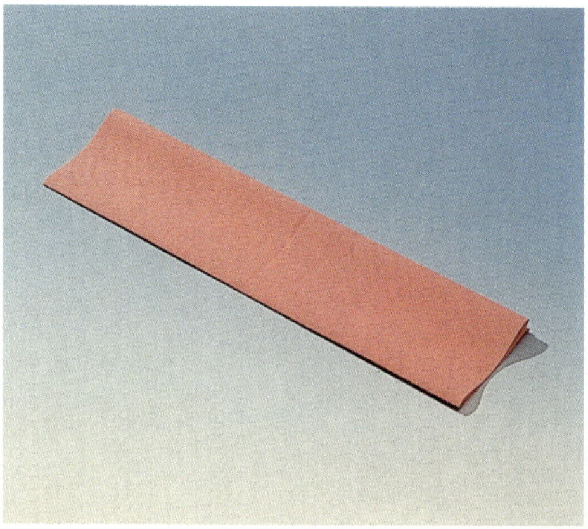

2. Klappen Sie dann die untere Hälfte der Serviette nach oben und drücken Sie die Knicke fest.

3. Legen Sie die Serviette dann in vier bis sechs gleichmäßige Falten.

4. Fassen Sie die Ziehharmonika fest an einer schmalen Kante und klappen Sie die tief liegenden Falten beider Seiten nach vorne.

Holen Sie für ein romantisches Essen zu zweit doch mal die Sterne vom Himmel. Ihr Partner wird es zu schätzen wissen

Der Eckenfächer

1. Eine Stoffserviette mit der rechte Seite nach unten offen hinlegen. Die beiden oberen Ecken zur Mitte, dann wieder halb zurückfalten.

2. Die untere Kante hochklappen, sodass die eben gefalteten Ecken noch zu sehen sind.

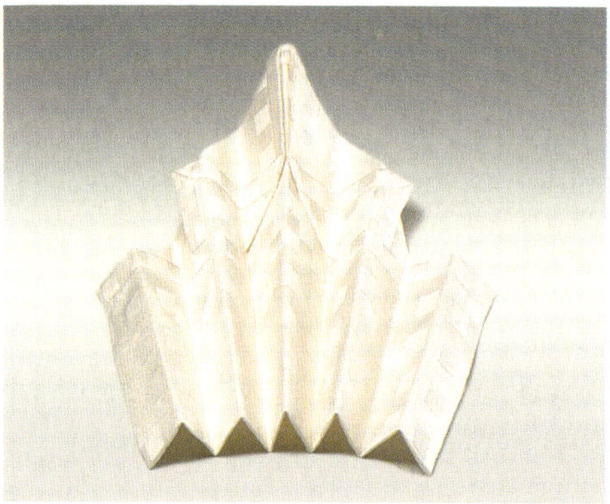

3. Von der Mitte ausgehend zuerst die eine Seite in drei gleichmäßig breite Falten legen. Dann die andere Seite gegengleich ebenfalls in drei Falten legen.

Dieser Fächer sieht nicht nur dekorativ aus, er ist auch vielseitig einsetzbar. Ob ins Glas gesteckt oder auf dem Teller liegend – das Lob Ihrer Gäste für diese Serviettenform ist Ihnen sicher

Oktopus

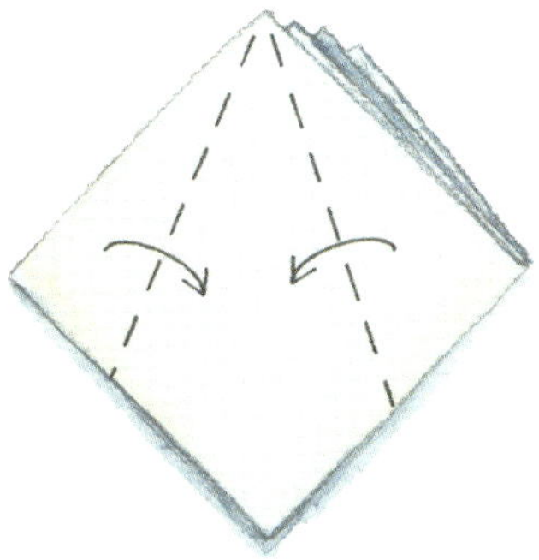

1. Schritte 1 bis 3 der Grundform A durchführen und die Serviette dann um 45 Grad drehen. Jetzt die linke und rechte Ecke nach vorn falten.

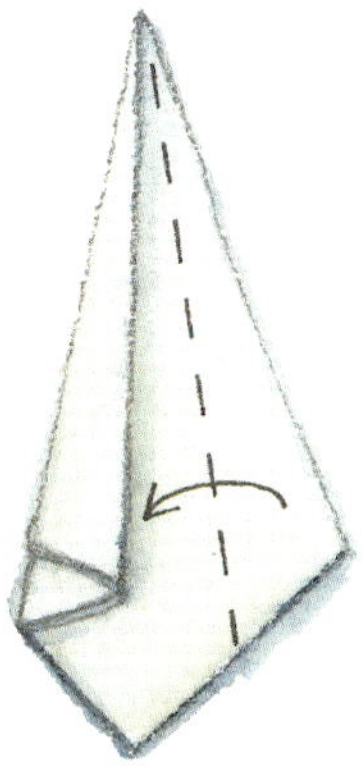

2. Die Figur wenden und erneut die linke und rechte Ecke nach vorn falten.

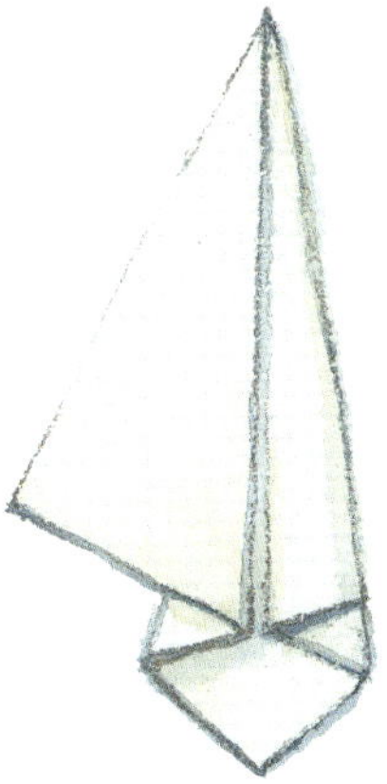

3. Nun die Ecken unter der linken und rechten Kante herausziehen und die Serviette wieder wenden.

4. Die obere Lage an der oberen Spitze nach oben ziehen. Die zweite und dritte Lage ebenfalls nach oben ziehen.

Tief aus den Fluten des Meeres kommt dieser kleine Oktopus daher. Aber er ist völlig ungefährlich und verhält sich auf den Tellern ganz ruhig

Die Kreuzritter

1. Schritt 1 und 5 der Grundform A falten, die Öffnung zeigt nach rechts. Alle Ecken zur Mitte falten.

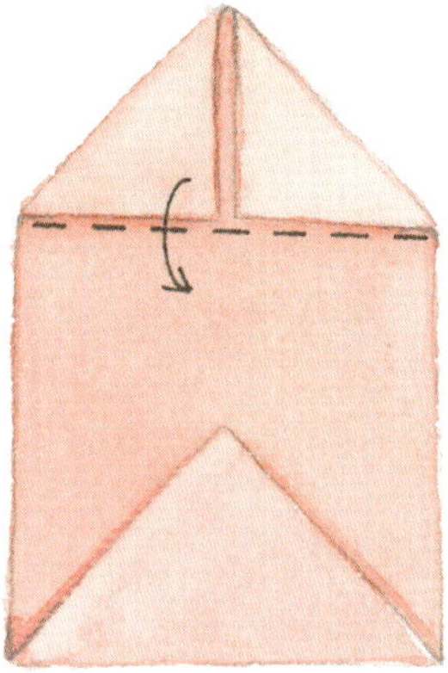

2. Das untere Dreieck nach oben, das obere nach unten falten.

3. Die Serviette wenden und erneut alle Ecken zur Mitte falten.

4. Die Figur nochmals wenden. Beide hochstehenden Ecken etwas ausweiten.

Tafeln Sie mal nach Art der Kreuzritter, dann darf die passende Serviettenform nicht fehlen. Nehmen Sie eine große Stoffserviette

Schräger Palmwedel

1. Eine Serviette offen hinlegen. Die untere Hälfte wie auf dem Foto asymmetrisch nach oben falten.

2. Die Serviette von den Ecken auf die untere Mitte zulaufend in Falten legen und die Faltung gut festdrücken.

Für eine exotische Cocktailparty sind diese luftigen Palmwedel genau das Richtige. Sie lassen sich aus Stoff- oder Seidenpapierservietten falten